聪明人是
如何用钱赚钱的

邓琼芳◎编著

云南出版集团

云南美术出版社

图书在版编目（CIP）数据

聪明人是如何用钱赚钱的 / 邓琼芳编著 . -- 昆明：
云南美术出版社，2020.12
ISBN 978-7-5489-4332-7

Ⅰ . ①聪… Ⅱ . ①邓… Ⅲ . ①私人投资—通俗读物
Ⅳ . ① F830.59-49

中国版本图书馆 CIP 数据核字 (2021) 第 008662 号

出 版 人：李　维　　刘大伟
责任编辑：汤　彦　　王飞虎
责任校对：钱　怡　　李　艳

聪明人是如何用钱赚钱的

邓琼芳 编著

出版发行：云南出版集团
　　　　　云南美术出版社
社　　址：昆明市环城西路 609 号（电话：0871-64193399）
印　　刷：永清县晔盛亚胶印有限公司
开　　本：880mm×1230mm　1/32
印　　张：7
版　　次：2020 年 12 月第 1 版
印　　次：2021 年 3 月第 1 次印刷
书　　号：ISBN 978-7-5489-4332-7
定　　价：38.00 元

前　言

在这个世界上，90%以上的人都是普通人，许多人最想做的事情就是希望有一天自己能够发财致富。也许这个情形在你的梦境中出现过无数次，也许你每天都看着电视中、网络上那些人的生活羡慕不已。可是又能怎么样呢？别人的永远是别人的，更没有羡慕来的财富和成功。

一份最新发布的全球财富报告显示，世界上最富有的8个人所拥有的财富总和，与世界上最贫困的50%的人口——约36亿——所拥有的财富总和基本相当。

这8个人分别是微软公司创始人比尔·盖茨、著名投资者沃伦·巴菲特、墨西哥商业大亨卡洛斯·斯利姆、英国企业家理查德·布兰森、Facebook创始人马克·扎克伯格、西班牙服装业大亨阿曼西欧·奥尔特加、甲骨文创始人拉里·埃里森以及美国企业家、前纽约市长迈克尔·布隆伯格。

这些人一天动动手指头就能赚到的钱，往往比普通人勤劳一辈子赚到的钱还多。

难道我们就此认命吗？当然不是，这个世上没人注定是普通人，尤其在这个崇尚财富的时代，任何人都有机会成为财富的赢家。当然，这里的问题并不是你付出了多少努力，也并不是你是否抓住了机遇，而是你是否拥有科学的财富观念，是否真正弄清楚了亿万富翁成功的潜在原因。

虽然说追求财富的道路并不好走，但关键在于选择如何走。在追求财富的道路上，我们不能只关注他人的成就和财富，而要探究他们究竟是如何一步步变得富裕，这些超级富翁在眼光、心态以及思维上又具有怎样的特质。当你像这些亿万富翁一样去赚钱的时候，财富距离你还会那么遥远吗？

正如乔丹·贝尔福特所说："如果你想要变得富有，就得拥有致富的思维。你得去除所有让你贫穷的想法，用致富的想法替代它们。赚钱其实很容易，它并不难。"

每个人都有发财致富梦，但只有少数聪明的人才能如愿。

我们与聪明人之间的差距究竟在哪些方面？本书希望能够提供一些方法来缩小这种差距。在书中我们指出了几个关键点，这对于在新时代致富有着普遍性的指导和借鉴意义，其中不论是聪明人看待财富的眼光，把握市场的智慧以及对于人脉的利用和对资本的运作等等，都是非常重要的。

这并不是一件可以一步登天的事情，需要我们由内而外全面做出改变，持之以恒地去努力，这才是真正能让自己从穷向富转变的有效途径。

目　录

第一章
只有不甘现状的人，才能逆转困顿

第二章
创造财富的前提，是拥有不同寻常的前瞻力

第三章
最高明的资本运作，叫作"抱团取暖"

第四章
有效运用人脉资源，实现财富增值

第五章
把握住市场脉搏，财富自然越滚越多

第六章
"微"利是图，而不是薄利不值一顾

第七章
财富共享，财路更宽

第八章
财富守恒定律，保本永远位列第一

第一章
只有不甘现状的人，才能逆转困顿

每个人都渴望发财致富，现实却无法跨出第一步，不甘于平凡却无法改变现状，这是生命困顿的主要障碍。而那些聪明人深知，现在所做的事，正在决定未来的样子，最好就是现在做出改变。

别在该拼的年纪，谈什么安于现状

我们从小被教育做事要脚踏实地，但脚踏实地的潜台词，往往就是"我不想改变"。

"不折腾了，我已经习惯了这种生活。"

"踏踏实实找份工作，比外出闯荡轻松得多。"

……

这些人嘴上说着脚踏实地，事实上内心却不想改变，不敢做新的尝试，不敢做其他变动。可是他们却忘记了，这个世界无时无刻不在变化，我们都是被世界这艘快艇拖拉走的小船，处在逆水之中的我们，如若不用力跟上，哪怕只是多休息一会，都有掉队的危险，最终可能被激流卷走，落入万劫不复。

有一个朋友在一家文化公司上班，工作很轻松，也很清闲，每个月固定有七千左右的收入，在三线城市还算不错。可恰恰就是这种不错的状况，让他什么都不愿意尝试，也不愿意学习，结果失去成长和发展的空间。作为多年的老员工，他的薪资一直原地踏步，甚至还没有新职员的工资高。

生活中上有老，下有小，有车贷、有房贷，对此朋友没少抱怨，说领导不重视自己，但是对别人却特别好。自己踏

3

踏实实工作，却没有人注意到。他常常担心自己会失业，担心没了工作生活就没了保障，可是他从来不考虑，如何才能争取更高的工资，或者去干其他的活是不是更好！

对此，领导其实也有自己的理由，"他这个人各方面的能力平平，虽然能够将手头的工作做好，但是一直在做着重复的事情，缺少变化和新的挑战。这些年几乎没有什么长进，被不少人落下了，甚至一个新来的实习生都可以轻而易举地取代他。要不是看在他是老员工的份儿上，我都想辞退他。"

一位成功学家曾说："一个人如果在五年之内都没有变化，那将是一件非常可怕的事情，因为那就意味着你只能一辈子这样过下去了。"并不是所有的脚踏实地都能获得财富，那些将脚踏实地作为自己不思改变借口的人，难以在竞争激烈的社会中生存，一辈子就只能做一个默默无闻的人。

其实，真正的生活是没有稳定和确定性的，努力去追求和适应不确定性才是根本！

生活中你是否担心生活充满变数？感觉今日不知明日事而感觉心慌？不管你承不承认，不管你愿不愿意，生活中我们总是需要面临各种改变。谁能够在这个变化的世界中最快适应变化、学会应对之策，谁就会走在发展的前列，才能在激烈的竞争中获得巨大收获，包括财富、机遇、成功等。

常言道："穷则变，变则通，通则久。"想要改变贫困的现状，首先要做的就是不拿脚踏实地当借口，大胆地改变自己，折腾自己。

出生于贫苦家庭的陈龙坚，中学没毕业就跑去哥哥在泰国开的一家旧货店里打工。勤奋聪明的他经常将店里的旧东西翻修好，这样大大提高了货物的价钱，为店里赚了不少钱。

陈龙坚凭借着自己独到的眼光，发现经营二手汽车的买卖一定可以赚钱，因为在当时的泰国这还是一个十分冷门的生意。于是，他建议哥哥将旧货店卖掉，开一家车行。

但是哥哥很保守，对这行也不大了解，觉得这样做太冒险了。面对哥哥的坚决反对，陈龙坚只得离开，开始自己的创业之路。

当时，廉价运输工具在泰国的市场非常广阔。陈龙坚通过考察和分析，将目标锁定在了价钱便宜、油耗低的日本二手车上。于是，陈龙坚找到了日本的汽车公司，与对方合作，很快打开并占领了泰国市场，成了泰国的汽车大王。

陈龙坚为什么不听哥哥的劝阻？因为他知道只有改变才能获得机会，只有大胆地尝试，才能找到新的出路。就是因为他拥有这种意识，所以才攫取到了巨额财富。与之相反，他的哥哥一心想着脚踏实地，不敢打破这稳定的生活，所以只能守着旧货店，一辈子过着贫穷而又平庸的生活。

一个人不想改变，或是不敢改变，那么就会将自己困在一个狭小的牢笼中，一生都只能原地踏步，或是被彻底淘汰。如果你

还年轻，那就要在最有能力奋斗的阶段，积极地寻求改变，不断去尝试新生活，寻求更多尝试的机会。这个过程中可能会有不尽如人意的地方，但人正是因为如此才会变得强大起来。

对于自己的成功，美国戴尔公司创始人兼CEO麦克·戴尔是这样说的："无论我在企业处于什么位置，无论我自己身处何处，我都对自己说，'你是永远的学生。'"

不论身处什么岗位，我们都不能站在原地不动。唯有孜孜不倦地有效学习，不断充实和完善自己，增强自己的竞争优势，才有脱颖而出的机会，获得财富的机会自然就会接踵而至。

在某种程度上，人大致可以分为两种，一种人往往日子过得相对平稳，拥有一份稳定的工作就已知足，这种人注定平淡无奇一生，想要大富大贵几乎是不可能的。另一种人相对来说不甘于现状，总喜欢折腾自己，由衷地想要成为全新的自己，未来的变数虽然大，但是成功的概率往往更大。

好好想一想，你愿意做哪一种人呢？

既然一无所有，更应该放手一搏

有位记者采访一个亿万富翁，问他在一无所有的时候，到底凭借什么走到现在？

富豪笑着答："虽然在别人看来，我当时一无所有，但我知道，一无所有才能无所不能。"

当时我对这句话印象很深，并且将它牢牢地记在了心上。

"一无所有才能无所不能"这句话听上去有些难懂，但细想却颇有道理。因为已经一无所有，就不会害怕失去，就没有最后的顾忌和犹豫，最不济的后果依然是穷苦；因为已经一无所有，对成功和财富的渴望更加强烈，所以更能全力以赴，勇往直前，在别人看不到的地方坚持不懈的努力。

记者在以色列采访时，从外交官到商贸工部官员、再到成功的企业家，都众口一词地认为："我们成功的秘密，就在于我们一无所有。"

从经济发展的自然条件来看，以色列真可谓"一无所有"：国土面积小，国土资源质量也不高。他们没有邻国引以为豪的石油，有的却是占国土面积一半以上的沙漠和半沙漠地区。可是，贫瘠的自然资源让以色列人更加重视发挥人的作用。他们把科技作为立国之本，注重科研成果在经济社会发展中的转化，在各个领域都体现出高科技含量和精细化经营。比如，以色列严重缺水，但他们的节水灌溉和旱作农业技术却因此而举世闻名；废水复用、人工降雨、海水淡化等非传统水资源的开发利用也相当成功；在水资源管理的很多具体细节上，都做到了世界非常好的水准。

有人或许在想，有些人出生的时候有着好的背景，自己在起跑的时候就已经落后了，甚至现在的自己一无所有，是不是注定了输的结局？其实不然，想要摆脱贫穷的人，根本不必害怕一无

所有，因为最糟糕的情况也不过如此，不是吗？何况命运在于自身，你正是改变命运的关键所在。

　　一个家境贫穷的黑人小男孩，从小看到的就是父母每天辛辛苦苦地靠干体力活为生。孩子因此在幼小的心灵中埋下了一颗自卑的种子，认为包括自己在内的黑人地位都是极其卑微的，不可能有什么出息。但是二十年后，这个小男孩却成为美国历史上第一位获得普利策奖的黑人记者。

　　到底发生了什么？很简单，只是因为两次"旅游"经历：

　　这一年，父亲带儿子来到了丹麦。当站在安徒生的故居前，儿子睁大眼睛，吃惊地问："爸爸，安徒生不是应该生活在皇宫里吗？"

　　父亲一脸淡定地摇摇头："不，安徒生只不过是一位鞋匠的儿子，他就生活在这栋阁楼里。"儿子听了之后，眼里露出了一丝光芒。

　　第二年，父亲又带儿子参观了凡·高故居。他们来到凡·高曾经睡过的小木床前，发现床底下竟放着一双裂了口的皮鞋。孩子疑惑地问父亲："百万富翁怎么会过着这样的生活？"

　　父亲摸着儿子的头，笑笑说："孩子，知道吗，事实上凡·高是位连妻子都娶不起的人。"

　　原来，父亲看到儿子一直为自己的出身和家境感到自卑，特意花费了所有的积蓄带他去了这两个特殊的地方。除了你自己，没人说你不行，没人可以让你一直贫穷地生活。

不错，在追求财富的道路上，一无所有并不是最可悲的，只要拥有永不屈服的精神和勇往直前的执着，任何人都有机会成为财富的赢家。

如果你现在还不富有，那么要做的不是怨天尤人，更不是羡慕嫉妒恨，而是应该反思一下：自己为什么还没有致富？自己与拥有财富的人的差距究竟在哪里？你的内心关心着什么，你就会体验到什么。你把时间花在哪里，你就会吸引到什么。理解了这一点，你可能会重新思考脱贫的路径。

生活再困顿，壮心不能丢

倘若你说一个人有"野心"，多数情况下这是一种贬义，说明这个人占有欲很强，狼子野心、野心勃勃等，这会令人感到极不高兴。但我想提醒你，如果你渴望成就一番事业，希望获得财富自由，就一定得具备一点壮心才行。

巴拉昂是法国著名的媒体大亨，也是法国著名的大富翁。去世之前，他曾用一百万法郎的奖励给世人留下了一个谜题："经济拮据的人最缺乏的是什么？"

法国《科西嘉人报》刊登了巴拉昂的这一遗嘱，立即收

到了大量信件,有人骂巴拉昂疯了,有人说《科西嘉人报》是为提升发行量炒作,但多数人还是寄来了自己的答案。

其中,有人认为这类人缺少机会,一些人之所以穷,就是因为没遇到好时机。有人认为这类人缺少技能,一些人之所以经济状况不好,就是因为学无所长。虽然答案五花八门,应有尽有。但是大部分人的答案是,这类人最缺少金钱。毕竟有了钱,就不再贫穷。但这些都没有得到巴拉昂律师的认可。

最后,一个9岁的小姑娘猜中了答案,这类人最缺乏的,就是——壮心,变得富有壮心!

有些人不是没有机会,不是没有资金,可是他们就是贫穷地生活着,往往就是因为他们缺乏强烈的成功欲望和为了梦想努力奋斗的决心。

壮心是什么?壮心是一种志愿,一种成功欲望。人的命运,往往与其内心的渴望又紧密联系:一个人最终取得的人生高度,是平庸还是辉煌,很大程度上取决于壮心的有无;一个人最终平庸与辉煌的程度,则取决于壮心的大小。正如一句话所说,"你的壮心有多大,就能成就多大事业。"

这句话非常有道理,因为壮心是推动人进步的动力,可以激发人的斗志和进取心。只有当你对生活不满意,当你强烈地希望改变自己的命运时,你才会不畏艰辛,不怕辛劳地去拼,去做,去改变,去创造!

正如亚里士多德所说:"明白自己一生在追求什么目标非常

重要，因为那就像弓箭手瞄准箭靶，我们会更有机会得到自己想要的东西。"

一个人即便起点再低，只要拥有壮心，也一定能够依靠坚定的信念，成为奇迹的缔造者。

石油大亨洛克菲勒在上中学时有个好朋友叫马克·汉纳，后来成为铁路、矿业和银行三方面的大实业家。美国历史学家们认为，他们两人的天赋都与众不同，之所以能走到一起，一定是受了对方的吸引并互相影响。

汉纳是个饶舌的小家伙，经常说个不停。但应当承认的是，汉纳关于赚钱的许多想法的确别出心裁，也和洛克菲勒不谋而合。只是他善于表达，而表面木讷的洛克菲勒习惯做他忠实的听众罢了。

有一次，汉纳问洛克菲勒："你打算今后挣多少钱？"

"十万美元。"洛克菲勒不假思索地说。

汉纳吓了一跳，因为在当时的美国，拥有一万美元就已经称得上富裕了，可以买下几座小型工厂和五百英亩以上的土地。而在他们上学的克利夫兰，拥有五万美元资产的富豪屈指可数。汉纳自己的目标就是五万美元，而洛克菲勒整整是他的两倍。

一张嘴就是十万元，在其他同学眼里，洛克菲勒真是狂妄。殊不知，后来洛克菲勒真的做到了，而且不是十万，而是亿万！

在一次记者招待会上，洛克菲勒没有谈他是怎样度过重

重艰难困阻而成为亿万富翁的，他只是谈了以上事例，因为上小学时期，这句话在他的心田里埋下的小小信念支撑着他一直努力，一直坚持。多年如一日，他一直是以大富翁的身份来要求自己的，而最后他的确实现了这个目标。

在洛克菲勒心目中，他早就有了致富的梦想和壮心，并且将自己的财富定位在很高的位置上，所以他最终也获得了比别人高亿万倍的成就。

没有哪个人注定一生贫穷，更没有哪个人甘心一生贫穷。想要拥有财富，首先就必须要有获取财富的强烈欲望。只有拥有了这份强烈的欲望，才有成就伟大事业的壮心。

或许你这辈子不可能成为马云、比尔·盖茨这样的超级富翁，可你却可以有和他们一样的壮心和梦想。千万不要说"我只是一个普通人，怎么能成就大事业呢？""我那么贫穷，还是过安稳的日子吧！"如果你安于贫穷，连致富的梦想和壮心都没有，那么真的注定与财富无缘。

有这样一句古话："取乎上，得乎中；取乎中，得乎下。"意思是，如果你定的目标高，得到的也许会低于这个目标，但如果你定的目标低，得到的只会更少，也许什么也不会得到。越是平凡的人，越是应该给自己树立一个远大的梦想；越是贫穷的人，就越应该拥有成为亿万富翁的壮心。

贪图安逸的人，只会在困顿里越陷越深

生于忧患，死于安乐。

这句话每个人都耳熟能详，可生活中不少人却常常说："生活安稳舒适就行了，为什么非要冒险呢？""我现在已经小有成就了，也该心满意足了。"……

这样的人已经让自己走进了心理舒适区，他们安于现状，享受着小成则安、小富则满的生活状态。对于麻烦的事情，具有挑战的事情，以及尝试新东西，一律都采取消极逃避的态度。这种舒适确实让人感到很舒服、很自在，可是从长远来说，对于人生和事业来说是一件非常危险的事情。

我们不妨看看下面这个寓言：

有个人死后，他的灵魂来到一个大门前。

在他准备进门的时候，守门的守卫对他说："你喜欢吃吗？这里有很多美味的食物。你喜欢睡吗？在这里你想睡多久就可以睡多久。你喜欢玩吗？这里所有的娱乐项目任你选择。"

"那需要工作吗？"这人小心翼翼地问。

"放心吧，在这里没人管束你，啥也不用做。"

这人一听，开心得要命，高兴地留了下来，每天吃完就

睡，睡够就玩，边玩边吃。

三个月过去了，这人开始觉得没有意思了，便对守卫说："天天这样吃、睡、玩也没劲呀，能给我一份工作做做吗？"

守卫回答道："对不起！这里不提供任何工作。"

又过去了三个月，这人实在受不了，便又跑到门口对守卫说："这种日子我真的受够了，如果不让我工作，我宁愿下地狱！"

守卫带着讥笑的口气道："你以为这里是极乐世界吗？错了，这里就是地狱！在这里你没有理想、没有创造、没有激情，你会失去活下去的信心。这种心灵上的煎熬，更甚于上刀山下油锅的皮肉之苦，这才是最严酷的惩罚！"

是啊，安逸的生活让人感到舒服，是每个人都向往的，但是过度安逸的生活其实就是地狱。当一个人的激情和斗志都被消磨殆尽的时候，后悔已经晚了。

可是，现实生活中很少有人意识到这一点。绝大多数人想要获得财富，但是却不愿意付出努力和汗水。他们或许生活贫寒，习惯了安逸的生活；或许已经取得了成就，从而放弃进取之心。而一个人整天躺在舒适区，被懒惰和安逸占领了内心，那么财富的梦想就会在毫无激情的懒散中化为泡影。

你是否听说过"温水青蛙"的故事？把一只青蛙扔到热水锅里，青蛙会从热水锅里一下子跳出来，安然逃生。但是，如果把青蛙放在温水里，青蛙会在微温的水中享受"温暖"。当水一点一点地慢慢加热，青蛙就不会跳出来了，也永远不会跳出来了，因为它不知不觉已经被煮死了。

留恋于舒适区，无异于留恋于温水中的青蛙，想要跳出时惊觉已迟。人都是惯性的动物，天性喜好避苦趋乐，亦步亦趋。因为舒适区，扪心自问一下，你丧失了多少宝贵的东西呢？习惯了懒惰而放弃了进步的动力？习惯了拿死工资而放弃了创业的激情？习惯了待在家里而放弃了闯世界的雄心？

在某一单位职工大院里，住着两对来自乡下的夫妇。

两个男人是一家单位的同事，两个女人都是大字不识的农村妇女，分别叫阿庆和阿叶。阿庆觉得丈夫的收入已经可以养家糊口，便在家做起了全职家庭主妇，每天在家煮煮饭，带带孩子。曾有亲戚朋友建议过她可以出去上个班，或者摆个摊，但都被她拒绝了，拒绝的理很简单："我不愁吃喝，何必去受苦。"

而阿叶深知自己没有什么特殊的才能，闲暇时候就自己炒些香瓜子和板栗之类的坚果，在家门外的街口支了一个小摊。天长日久的，竟还在小县城里出了名，不少人觉得她炒的坚果特别好吃，逢年过节还会有人来提前预订。就靠着这么个不起眼的小生意，阿叶赚钱的能力不比丈夫差。而且，她还和丈夫经常参加一些职业培训课，学习新的技术，用她的话说"技多不压身"。

没过几年，单位因业绩不好裁员，阿庆和阿叶的男人都下岗了。阿庆的男人只好整天打打零工，由于手头的资金

紧张，两个人整日唉声叹气。而阿叶一家已经搬出了那个破败的小胡同，听说他们两口子开办了一家食品公司，生意很是兴隆，已经在新城区的一个小区里买了一套不大不小的楼房。

两个同样来自农村，同样不识字，没有什么特殊才能的女人，在生活面前却展现出了两种全然不同的姿态，过上了完全不一样的人生。

千万不要让自己走入舒适区，别让舒适磨掉自己的激情，更不要被安逸的环境困死自己。

在追求财富的道路上，你是风雨兼程地赶路，为了自己的目标不懈地努力，还是为了路边的风景停下了脚步，疲倦了就躺在舒适区舒舒服服地睡觉？内心充满懈怠和懒惰，永远也摸不到财富的大门。你只有战胜自己的懒惰，充满激情地在未来的道路上风雨兼程，才能找到财富的方向。

只要你行动起来，或许还不算晚。

所谓没有运气，是没去争取

"某某能混这么好，纯粹是运气！"

"我之所以会穷，就是因为出身不好。"

"如果遇到好机会，我一定能就此翻身。"

......

这些年，你是否有过类似这样的抱怨之声？

俗话说"谋事在人，成事在天"，很多人总是太相信时运，认为自己之所以贫穷并不是没有能力和欠缺努力，而是缺少了好的时运，于是总是抱怨自己时运不好。这些借口也成了他们不努力的台阶，而缺少奋斗的进取心，心安理得地不努力，将永远也无法成为一个富有的人。

不可否认，人的成功会受到多种因素影响，运气也是其中一个因素，有时甚至可能是关键因素。但所谓的运气真是上天注定吗？其实不然，每个人的人生都不是一帆风顺的，成功者也有遭遇低谷的时候，但是他们不会抱怨，不会消沉，而是通过自身努力，改变自己的运气，成就属于自己的事业。

1890年，卡耐尔·桑达斯出生于美国印第安纳州亨利维尔附近的一个农庄。原本家境就不是很富裕，更不幸的是父亲早早逝世，留下孤儿寡母。为了生活，母亲不得不在外面接很多个活计来做，没功夫照料家里幼小的孩子，身为老大，6岁的卡耐尔挑起了照顾弟弟妹妹的重任。白天母亲不在家，他只好自己学着做饭，一年的时间他竟然学会了20多个菜，成了远近闻名的烹饪能手。

12岁那年，母亲改嫁，继父对卡耐尔十分严厉，常在母亲外出时痛打他，更不愿意给他出上学的费用。没有办法，他只好辍学离校，开始了流浪生活。

好不容易结婚生子，由于没有文凭，卡耐尔不断地变换工作，后来向银行贷款开了一家加油站，生意还算不错。看到长途跋涉的人饥肠辘辘的样子，卡耐尔产生了一个念头，为什么我不顺便做点方便食品，来满足这些人的要求呢？况且自己的手艺本来就不错，妻子和孩子也时常称赞。想到就做，他就在加油站的小厨房里做日常饭菜招揽顾客。其中，他的拿手好菜就是炸鸡。

如果生意这样做下去也不错，但天不遂人愿，由于政府新建了一条公路，加油站前的那条道路变成了背街背巷的道路，来来往往的顾客大量减少。再后来"二战"爆发，政府实行石油配给，卡耐尔的加油站被迫关门。这时的他已经56岁，所能依靠的仅仅是每月105美元的救济金。

卡耐尔不想就此却自己的一生，该怎么做才能摆脱困境？他冥思苦想，想起自己手上还有一份极为珍贵的专利——制作炸鸡的秘方。餐馆虽然倒闭了，但可以把制作炸鸡的秘方转让给其他人。于是，他开始遍访美国国内的快餐店，并教授给各家快餐店制作炸鸡的秘诀——调味酱。只要售出一份炸鸡，他就可以得到5美分的回扣。88岁的时候，全世界都知道了他的名字。

卡耐尔·桑达斯是肯德基的创始人，如今肯德基成了全世界最大的快餐连锁店，受到了亿万消费者的欢迎和追捧。卡耐尔的成功是因为运气吗？当然不是，他的人生非常坎坷，但他并没有抱怨自己的时运不好，反而更加努力地拼搏，终于建立了今天的肯德基，而他自己也成了大富翁。

　　事实上，这个世界上大多数人的运气都相差无几，大多数经济状况好的人并不比大多数经济状况差的人幸运得多，而后者也不见得就比前者倒霉得多。

　　这里的关键就在于，面对时运和困难的态度。仔细观察那些贫穷的人，不难发现，他们总有一些共同特征，那就是爱抱怨，抱怨自己没有好命，抱怨命运的不公，以及自己的生不逢时等等。他们抱怨世间的一切，却从来不抱怨自己，不反思自己是否真正付出了什么，也不想办法解决眼前的困境。

　　身边有一位朋友每日总是满怀牢骚："我有能力却根本没有实现抱负的机会，很多没有本事的人却能够取得成功，这简直太不公平了！"

　　"你为什么要这样说呢？"我问。

　　朋友愤愤不平地说："一位初中同学，上学时学习成绩不好，经常抄袭我的作业，但现在居然成了小有名气的企业家。"

　　"我听人说他平时很勤奋，经常工作到深夜……"我回答。

　　"还有一位同学，上学时是个病秧子，体育课很少及格。但是你知道吗？前段时间他居然参加了马拉松比赛，还拿到了奖牌，真是让人难以置信。"

　　"可能这些年他一直在刻苦训练……"我回答。

　　听到我这样说，朋友心有不甘地继续问："为什么这些好事没落在我身上？"

"你自己做了什么呢？"我追问。

良久，朋友没有说话。

"自知者不怨人，知命者不怨天；怨人者穷，怨天者无志。"这段话的意思很明了，指的是能够了解自己并且有自知之明的人，从来不会抱怨别人，而知道自己命运前途的人，从来不抱怨命运；经常抱怨别人的人，注定了窘迫和贫穷，而怨天尤人的人，必定没有任何志气。

当别人获得财富和成功的时候，很多人除了嫉妒和抱怨之外，从不曾好好地想过自己做了什么。而一个人如果自己不反思，不改变，永远无法摆脱贫穷的困境。越抱怨，越贫穷，越是抱怨，越失去行动的动力。想要获得财富，就应该不断反思自己，用积极的心态面对，大胆地去改变现状。

外界客观因素固然影响一个人的财运，可自身因素却是一个人走向富有的最大障碍。时运不好并不是穷的借口，更不是一直贫穷下去的理由。即使是在命运不济之时，只要你永不屈服，勇于拼搏，积极寻找发挥才能的机会，每天不懈地努力和行动，就能彻底改变命运，获得更多的财富。

眼里只有危险和困难，永远无法赚到钱

假设，现在你的眼前有两条道路，一条是笔直的康庄大道，

一条是崎岖的山间小道。

你会选择走哪一条道路呢？

相信不少人会选择前者，但聪明人则不同，他们总是相信，在荆棘丛生的地方必定蕴藏着大多数人无法发现的宝藏，披荆斩棘过后，必然能走向更远更高的彼方。对于他们来说，与其轻轻松松地踏上一条平平淡淡的路，倒不如咬咬牙，选择那条荆棘丛生，却可能是有着远大前途的崎岖小道。

菲律宾亚洲世界集团创始人郑周敏先生曾经是华人首富，其个人拥有资产高达130亿美元，他名下的土地更是无法估计。

郑周敏祖籍福建省石狮永宁镇酉厝乡，幼时随母亲移居至菲律宾吕宋岛东南方的一个小渔港。13岁时母亲因不希望他埋没在小渔村中，就将他送往马尼拉的亲戚家，当衬衫内衣店的学徒工。如果给别人打工，一辈子可能都没有出息，想到这点郑周敏离开亲戚家的店铺，自己做衬衫内衣的批发与推销。

18岁时，郑周敏赚得第一个100万；25岁时，他已经拥有了属于自己的纺织厂。但他通过考察发现，要真正把生意做大，必须另谋他法。

后来，郑周敏认识了菲籍何塞·罗哈斯，他是被人尊称为"天才土地投资家"的地产商人。郑周敏大胆与之合作，并进行土地投资，购买了数以百计的土地。

很多身边的朋友都认为郑周敏这样太冒险了，如果土

地投资失败，可是把自己全部的家当都给赔上了。对此，郑周敏说："由于我做了别人不敢做、甚至连想也不敢想的事，因此有人说开快车很危险，我的想法是开快车不一定不安全，关键是小心谨慎、技术高明，顾虑安全也要掌握时速。"

正是由于郑周敏总是做别人不敢做的事情，所以他成功了，成了让人羡慕的富翁。其实这次收购土地不仅表现了郑周敏具有冒险精神，更表现了他有独到的眼光，因为他认为人们的生活都是靠土地；人口的日益增加，土地日益减少，其他东西都有贬值的可能，只有土地长期增值。

当普通人只懂得一股脑地往前走，跟着大流寻求稳定和内心的安全感时，聪明人却在寻找着一个又一个的挑战与机遇，大胆尝试着别人不敢做的事情，并从中获得赚钱的机会。

所以，只看到危险和困难，我们永远也没有赚钱的机会。

其实，每件事情都有两面性，一面是危机，一面则是商机。只是我们总是习惯性地只看到"危机"，而看不到"商机"。而一个人如何将坏事变成好事，如何化解危机并且发现其中的机遇，才是获得财富的关键。所以凡事不要怨天尤人，坐以待毙，而要积极地面对，发现其中的转机。

最初他只是一个在北京餐馆打工的小伙，后来餐厅老板到美国发展，决定在那里也开一家餐厅。很多人被选上，一同到美国发展，其中就包括勤快踏实，表现出色的他。到了美国，他看到了更广阔的世界，并且决心做出一番事业，于是他更加卖力，菜做得越来越好，薪水也是越来越高。

然而好景不长，2007年之后，美国发生了金融危机，经济环境受到了严重的影响，不少人面临着失业和破产的危机。所以，餐厅生意大滑坡，有时一天只有一两桌客人，生意很难维持，老板也滋生了回国发展的意象。面对这样的困境，他和同事们只有两个选择，一是与老板一起打道回府；一是在美国再找合适的工作。可是，现在经济条件不好，几乎大部分公司都在裁员，哪有那么容易找的工作？

"难道就这样回去了？"他非常不甘心，决定寻找新的机会。

一天恰逢他休假，于是便来到一家商场闲逛。商场内，很多人都在抢购保险箱，原来次贷危机让越来越多的美国人不再相信银行，人们便想着买保险箱存放自己的财物。

他突然灵光一闪，难道这不是大好的机遇吗？他想到当年自己在北京打工的时候，经常看到有人在银行门口推销保险箱，却很少有人问津。而现在美国人都在抢购保险箱，大部分商场已经脱销了。如果把国内无人问津的保险箱运到美国来买，岂不是能大赚一笔！

想到这他决定立即行动，他向老板请了年假，由于现在生意不好，老板也非常愿意批假。很快，他就回到了北京，开始考察这里保险箱的销售情况，并且找到了一家专业保险

箱生产企业。之后他联系美国的同事,找到几个有意愿购买保险箱的美国人,然后他直接找到该企业老板,表明来意。

开始的时候,该企业的老板根本不相信他的话,说:"美国都已经发生了经济危机,很多人都破产了,怎么还有人买保险箱呢?"

于是,他立即与那几个美国人联系,当对方得知这边有保险箱时,表现出了强烈的购买欲望。这下,该企业的老板放心了,佩服地说:"小伙子,你非常有眼光,可以看到别人看不到的商机。既然你没有货物来源,不如我们合作吧。如果你愿意,我现在就任命你作为我们公司的销售代表,负责美国的销售任务。"

他思考了一会,觉得这个方式更有利于自己的发展,于是爽快地答应了。到了美国,他就辞去了自己的工作,开始正式推销保险箱。果然,这是个大好的机遇,很多人只要听说他有保险箱就会蜂拥地围上来,半个月的时间他就推销出1347个保险箱,几乎成了该公司的销售大神。

敏锐机巧地化解危机,说不定,这一方面的危机就是另一方面的契机;或这件事情上的危机,很可能正是另一件事情上的契机。正如马云所说:"所有人都说危机,但是我觉得是机会,危机是危险中的机会……假如你认为这是一个灾难,灾难已经来临,假如你认为是个机遇,那么机遇即将成型。"

是危机还是商机,并不在于事物本身,而是在于如何看待。如果你消极应对,那么危机就是你的;相反,如果你积极解决问题，换一个角度看问题，那么机会就会你的，财富也会是你的。这就是为什么面对突来的危机，有人不得不宣告破产，倾家荡产，而有人可以逆流而上，赚得盆满钵满。

第二章
创造财富的前提，
是拥有不同寻常的前瞻力

一个人能否创造财富，并不一定在于付出多少努力，而在于是否具有不同寻常的前瞻力。能发现别人尚未发现的机会，能先人一步发现赚钱的点子，往往就可以赚到别人无法赚到的财富。

"铁饭碗"究竟还能"铁"多久呢

我认识一位做IT的年轻人，叫鸿铭，大学刚毕业时他一心想在深圳闯荡，甚至曾发出豪言，要成为"中国的比尔·盖茨"。鸿铭也确实很优秀，在一家外企从事软件开发工作，深得老板器重。但干了几年之后，正当事业如日中天之时，父母却逼着他回老家考了公务员，因为这种工作稳定，而且回家方便。鸿铭进入的部门还算不错，但收入各方面与外企自然是根本比不了的。

现在，鸿铭过得还算不错，有车有房，有儿有女，工作稳当轻松，羡煞了不少人。当然，和比尔·盖茨那是根本不具可比性的。如今，每当周围的人夸赞鸿铭有出息时，父亲依然还会无限骄傲地提起当初"英明果断"逼迫鸿铭辞职回家考公务员的决定，他常常挂在嘴边的一句话就是："当初你还不乐意，要不是我逼着你会来，你现在能捧上这个旱涝保丰收的'铁饭碗'吗？"

但夜深人静之时鸿铭总觉得心里空空的，也忍不住猜想，如果当初自己留在大城市奋斗，或许事业会陷入停滞不前，依然兢兢业业地继续打工生涯；但也或许，自己会成为

29

行业内的精英，奔跑在成为"中国的比尔·盖茨"的道路之
上，有朝一日如愿以偿。"为了这份所谓的稳定，我放弃了
无数可能……"

生活中和鸿铭有类似经历的人并不少见，或许是旁人规劝，
或许是自己选择，他们找工作时总是将稳定放在首位，总是选择
公务员和事业单位的职位。对很多人来说选择这些职位未必就是
热爱，也未必就是没有更好的选择，他们只是觉得进入编制能得
到保障，可以在长久的未来衣食无忧。

追求长期的稳定和盈利，这是人性永恒的追求，也确实可以
规避不少风险。当然，代价往往是放弃一切可能让你成就非凡事
业，可能为你创造可观财富的可能性。

纵观那些成功的企业家，有谁是通过稳稳当当的工作发家致
富的呢？没有！对一个聪明人而言，稳定往往正是最可怕的。因
为稳定意味着人生开始逐渐趋近于平直的线，不管是向上还是向
下的角度都变得越来越小。稳定意味着人生的可能性已经越来越
少，几乎已经失去了创造奇迹的机会。

比如在以前，进入国企对人们来说就意味着抱上了"铁饭
碗"，一辈子吃穿不愁。轻松的工作，优厚的待遇，让大部分顺
利进入国企的人逐渐沉沦在安逸之中，除了埋头工作以外，几乎
对外界信息一无所知。然而，随着改革开放的进程，随着国企改
革的推动，许多"铁饭碗"猝不及防地就被摔碎了，"下岗"成
了悬在人们头顶的一把尖刀。辛苦一世，换来的只剩下少得可怜
的退休金。

当然不可否认，有的国企一直发展到现在依然欣欣向荣，依然为员工提供着优厚的薪资待遇。但这种稳定能够持续到什么时候，同样还是取决于时代的发展，一旦它不再能够适应逐渐放开的市场竞争，"铁饭碗"也就"铁"不了多久了。这些沉沦于稳定和安逸的人也终将失去庇护，失业将不可避免。

时代一直在前进，世界一直在变化，一味追求稳定的人或许能够通过自己的努力改变生活，但也仅限于从贫穷到小康。一个人若想从根本上改变自己的命运，跻身富裕人士的行列，唯有不沉迷于安逸与稳定，站在更高更远的地方，看清未来的发展方向，时刻走在时代的前沿，在时代的浪潮中"淘金"。

放眼看看当今社会顶层10%的富裕人士，发现了吗？当人们纷纷涌向安逸稳定的"庇护所"时，他们却选择勇敢"下海"，他们可能是中国最先经商的人，也可能成为最早进入股市的人，也可能是最早投入房地产的人，也可能是最早进入互联网行业的人……如此，成为赢家的可能性更大。

薛朗是某地一位房地产公司的老总，他虽登不上什么世界级的富翁排行榜，但在当地也算是极具影响力，在众人眼中算得上是相当成功的人物。

谈起自己曾经的发家史，薛朗表现得非常自豪。他年轻时读书还算不错，大学学的法律，毕业后被分配到老家的市检察院，当上了一名检察官。检察官的工作可是个实打实的铁饭碗，而且月薪也属于中上等水平，多少人挤破了脑袋想进去。所以身边的亲朋好友们，不无羡慕薛朗谋得了一个好

差事。

但是，薛朗却不这么想。"检察官这饭碗，稳当是稳当，可是这碗里能盛多少饭、盛什么饭，我可说了不算。单位今天给我肉吃，我就吃肉，明天给萝卜吃，就只能吃萝卜，这可不行。要是这样混下去，这一辈子只能这样了。"很快，薛朗就做了决定：辞去检察官的工作，背上行李下海。

当时对于薛朗这个决定，身边没有一个人支持的，亲戚朋友轮番上阵地劝阻他。一个是未知的未来，一个是稳稳当当有钱有地位的铁饭碗，想想都知道该选哪一个！薛朗这人性格挺有些说一不二的意思，不但没有听亲戚朋友的劝阻，反而"逼着"自己老婆和自己一块辞职了，下海经商。

在成立公司之前，薛朗卖过种子，卖过化肥，做过电器生意……一开始的过程是比较艰辛的，不仅需要亲自上门推销产品，也曾在天桥上发过传单，吃了无数人的闭门羹，挨了无数次的白眼。亲朋好友们知道消息后都埋怨薛朗，原本好好的铁饭碗还把它给丢了，然后跑出来找罪受。不过薛朗从不后悔，因为他知道自己想要的不是盛饭的器皿，而要做那个决定自己"吃什么饭"的人。

在这期间薛朗学到了很多，比如如何与客户沟通，如何和供销商洽谈起草协议，如何协调各方关系等。最重要的是，薛朗接触到很多优秀的生意人，头脑里已有了捕捉机会的意识，他敏锐地觉察到地产业所具有的潜力。于是通过之前积累下来的人脉关系，在短时间内聚集资本，投资地产。

这一次薛朗成功了，成为一个决定自己饭碗盛什么饭的人。对于薛朗来说，如果死守着检察官的职务，衣食无忧确实可以做到，可是也许一辈子就被拴死在这个位置上了。

世界总是处于不断的变化之中，唯有不拘泥于一时的安稳，才可能具备对未来发展趋势的前瞻性。因此我们应该追求的不是稳定，而是成长。让自己获得成长空间，努力地变好变强大。没有稳定的工作，只有稳定的能力。如此不仅你的现在能得到保障，未来的路和收入肯定也能得到保障！

眼光的距离，造成了今天的样子

我曾经在贝克·哈吉斯的《管道的故事》中看到这样一个故事。

有一个干旱的村子，村里决定雇用布鲁诺和柏波罗把附近河里的水运送到村广场的蓄水池里，每天按运送的水量付钱，布鲁诺每天起早贪黑地工作，虽然很是辛苦，但挣了不少收入；而柏波罗则用一部分时间运水，而用另一部分时间和周末休息日来建造一个连接河流与广场蓄水池的管道。与柏波罗相比，布鲁诺挣的钱要多很多，很快便富裕起来了。但几年以后，柏波罗的管道修成了，从此无论是吃饭还是睡觉，或是出去游玩，水都在源源不断地流进村里，而财富也

不分昼夜地流进柏波罗的口袋。而布鲁诺却失了业，因为村子再也不需要他背着水桶运水了。

　　这个小故事告诉我们，眼光的长远度是一个人的界限，眼光有多远，世界就有多大。很多时候，普通人和聪明人的差距就是眼光的差距，普通人只看到眼前，看到自己巴掌大的一片水土，所以只能一辈子碌碌无为。聪明人却看得远，考虑得长远，如此更容易赢得赚取财富的机会。

　　这个道理就如同下棋一样，拙劣的棋手走一步看一步，缺乏统领全局的意识和眼光，就这样一步步地将自己置于死局之中。而高超的棋手就高明得多，他们有远见，有全局意识，更有超出常人的眼光，能够分析到十步以后的局势，如此一来，才能在棋局上进退自如、得心应手、占尽先机。

　　短视是贫穷最显著的标签，短视的人往往只顾着眼前，看不到远方，也看不到未来。有时急功近利，急于想要赚取一大笔钱，为了一时的利益斤斤计较；有时为了利益而盲目冲动，头脑一热就做出了关键的决定；有时甚至只顾着低头苦干，却不肯看看远方是否有阻碍自己前进的障碍……

　　好好想一想，你为什么会受穷？是不是因为目光短浅，只看到了短期或是当前的利益得失，而忽视了长远的发展前景？

　　在聪明人看来，财富并不是一朝一夕的利益，赚钱也不是今天明天的事情。他们不会鼠目寸光，也不会满足于现状，而是将眼光放在十年、二十年，乃至更长远的未来，不断为自己的未来加码，正因为将目光从眼前的生意转移到未来生意的方向和发展前景，所以才能成就无人可及的事业。

　　孙正义，软件银行集团公司的创始人，现任总裁兼董事长。他出生在日本，祖籍韩国。早在学生时期他就曾勾画了四十个公司的雏形，并设计了一个五十年的公司创建计划，其中涉及如何筹集资本，如何把发明创造延续下去等等问题。只是当时的孙正义还没有完全想好，自己到底要干哪一行。

　　从柏克莱大学毕业后孙正义回到日本，正式开始他的创业计划。当他看到软件市场的未来前景，便决定以后要从事软件批发行业，毅然创立了软件银行公司。那一年，孙正义23岁。之后，公司的软件推销业绩大踏步前进，一直冲向全日本第一。这段时间，也是软银集团大步腾飞的阶段。

　　1995年，看准了网络产业的孙正义决定在此方面投入巨资。他选中了雅虎公司，给其第一笔的投资就是200万美元。不久再投资一亿多美元给雅虎，以换取雅虎公司33%的股份，而后又陆续将资金追加到3.55亿美元。这样巨大的动作甚至让雅虎创办人杨致远都认为不可思议，觉得孙正义疯了，连自己都不知道雅虎公司的未来如何，而孙正义怎么敢给一个刚刚起步的新公司这么多钱！

　　很快，拥有了雄厚家底的雅虎如虎添翼，一跃成为世界头号网络公司。作为雅虎最大的股东，孙正义的软件银行集团公司投下的资金换来了颇丰的收获：软件银行集团所拥有的雅虎公司股份市值为84亿美元。可想而知，如果当初没有

孙正义如此魄力的投资，是不可能换来日后的硕果的。

21世纪初期，互联网行业经历了突飞猛进的发展，孙正义投资了几十家默默无闻的小互联网公司，其中包括今天赫赫有名的阿里巴巴、盛大网络等。如今互联网行业异常繁荣，而孙正义的财富也滚滚而来。2014年个人财富达到166亿美元，一举超过优衣库母公司迅销集团社长柳井正，成为日本首富。

不求近利，不安小就。孙正义之所以能够赚取大笔的财富，并不是因为他有多好的运气，而是因为他没有只顾着低头数钱，没有满足于自己所取得的成绩，而是不断投资具有发展前景的新领域。正是因为眼界宽阔，眼光长远，他抓住了几次大好的机会，使得金钱源源不断地流入自己的口袋。

一般人认为，看得不远也可以走，看多远走多远，这样也不会太累。但是在聪明人眼里，要走就要走得长远，就要走到别人永远到达不了的地方。如此这般，不仅能让自己永远保持着一种斗志，在创业伊始起步比较顺利，而且还能在关键时刻力挽狂澜，永远不会在市场竞争中遭到淘汰。

人的眼光决定了人生的高度和广度，如果你拥有做百万生意的眼光，那么你就能成为百万富翁；如果你拥有做亿万生意的眼光，那么你就可以成为亿万富翁。

站得高才能看得远，聪明人总是超前别人几步，所以才会在财富的道路上更胜一筹。所以，你若想像聪明人一样赚大钱，就不要局限于自己落后的思维中，不要用短视的眼光看待问题，不妨多多登高望远，当你拥有更宽广的眼界，更长远的眼光，自然就能获得比别人更多的赚钱机会。

仅仅多看几眼，往往领先一路

"身为世界首富，你到底是怎样拥有惊天财富的？你可以向我们揭开这个秘密吗？"

在采访世界首富比尔·盖茨时，美国《财富》杂志的记者追问道。

对此，比尔·盖茨回答："我之所以成为世界首富，除了知识、人脉、微软软件公司极强的行销能力之外，还有一个前提是大部分人没有发现的，这个关键就叫作眼光好。"

怎么样才叫眼光好呢？在聪明人认为，就是能看到别人看不到的商机。

这需要敏锐的眼光，只有眼光足够敏锐，才可以发现难得的机会，所创造的财富也是难以估量的。普通人总是羡慕聪明人可以创造巨额的财富，却忽略了他们发现机遇的过程以及独特的智慧。如果没有敏锐的眼光，没有足够的智慧和判断力看清机遇的本质，那么财富的梦想就只能是幻想。

事实上，许多事件之中蕴含着巨大的机遇，普通人只看到事情的表面，对其中的机遇都熟视无睹，不予探究。而聪明人却有不同于一般人的敏锐眼光，随时可能发现别人无法洞悉的机会，

从而改变自己的一生。

你见过喵星人晒太阳吗？如果你善于观察一定会发现，喵星人总是喜欢睡在温暖的阳光下，而且每隔一段时间，还会随着阳光的移动而不停地变换睡觉的场地。喵星人喜欢晒太阳，这在我们看来是那样的司空见惯。然后呢？这大概是猫喜欢晒太阳的生理属性所致吧——大多数人都会这么认为。

但一位医生却不满足于此，"猫为什么喜欢晒太阳？""晒太阳有什么好处吗？"……就这样，医生蹲在一只猫身边，仔细地观察起来。结果，他发现这只猫身上有一个正在流脓的伤口，但伤口没过几天就好了。

猫的伤口会在阳光下愈合，这说明光和热对伤口是有益的。那对人呢？对人是不是同样有益？这个想法在医生脑子里闪了一下。就是这个一闪而过的想法，成为闻名世界的日光治疗法的引发点。之后不久，日光治疗便在世界上诞生，这位医生也举世闻名，他就是丹麦医者尼里斯·劳津博士。

因为一只喜欢晒太阳的猫，劳津博士获得了诺贝尔医学奖。

猫喜欢在阳光下睡觉，每个人都见到过，但是只有劳津博士敏锐地发现了其中的玄机，并且有了良好的构想，然后马上行动，最终拿到了诺贝尔奖。

财富并不是遥不可及，千万不要总说自己没有发财致富的机会。其实，机会就在我们身边，只是因为各种错综复杂的现实条件，它并不会明明白白地凸显出来，需要你拥有像猎鹰搜寻猎物一样敏锐的眼光，透过事情的表面现象，拨开一层层云雾，发掘出隐藏在迷雾中的巨大商机。

那些亿万富翁往往都具有敏锐的眼光，一般人认为的冷门，他们却可以从蛛丝马迹中发现热点，抓住潜藏在冷门中的机遇，进而领先一路。

商界女杰吕有珍刚刚接任运通公司总经理的职务后不久，就在抓大机会方面露了一手，显示了她超群的决策能力，大大巩固了她的总经理位置。

20世纪90年代，随着改革开放的日益深入和扩大，广州市区的发展逐步趋于相对饱和，向外扩展势在必行。当时的房地产商都把资金、技术全部投向广州南面的珠江三角洲，使之成为投资热点。与此对照，广州城北的小县城——花县却显得冷冷清清，一片惨淡，因为没人愿意把资金投在这里。

在经过仔细周密地调查研究后，吕有珍做出了一个石破天惊的决定：把广州扩展的理想区域认定为花县，投资数千万元购买广州花县的1200亩土地。当她在董事会上说出这一决定时，立即遭到了公司内部许多人的反对。最后吕有珍力排众议，毅然拍板定夺，她对董事们解释说："大机遇将临，机不可失。我们可以用这次购置的土地做些大项目，土地自然也就跟着升值，大家到时就能看出来了。"

对此，董事们一个个将信将疑，他们都在瞪大眼睛、密

切注意着这1200亩土地的动向。兑现的机会终于降临，两年后，花县改为花都区，国家决定在花都区建设中国最大的广州国际机场，建立京广铁路客运大站，建设花都港，修建南方最大的商贸场。陡然间，当地地价猛涨几倍，运通公司因此大赚了一笔，全体员工一片欢腾。欣喜之余，人们不禁想到吕有珍当初的预测。是她，造就了这一切。

在无人问津的冷门之中，吕有珍却凭借敏锐的眼光看到热点和大机会，最终带领着运通公司向前跨出了扬眉吐气的一大步。

机会并不是从你脑海中凭空冒出来的，而是需要足够的智慧和眼光，用敏锐的眼光来捕捉商机。谁能先看到下一个热点，谁能抢在前面，抢到市场先机，谁就拥有了财富。凡是在商海中摔打过的人都明白这个道理：领先一步，想不富都难！对于任何人来说，先人一步都是制胜的秘诀。

所以，要想赚到别人不能赚的财富，就要拥有超过亿万人的敏锐眼光，重要的是对于机遇和时势的敏感度。让自己变得敏锐些，发现财富的端倪，你才能锁定财富。相反，如果总是没有敏锐的眼光，总是等待着别人的行动，或是看到了财富的热点却犹豫不决，那么就只能拾人牙慧罢了。

跟随别人的脚步，
可能连汤都没有喝的

有一年，我跟随领导去广东和客户洽谈生意。

客户是个香港人，"今次系一个难得嘅好机会，你唔好错过啊，争取饮到头啖汤。"

当时的我不太熟悉粤语，一时没明白客户的这番话。后来同事告诉我，客户的意思是，这次是一个难得的好机会，你不要错过，争取做第一个尝鲜的人。

再后来我了解到，"饮头啖汤"是粤语地区通用的俗语，所谓头啖汤就是第一口、第一锅汤的意思。第一口汤是最新鲜的，饮上第一口汤才能品尝人间最珍贵的美味。这和我们敢为人先的道理是一样的，只是很多人的思路是"跟着别人有饭吃"，只要别人赚钱了，那么就一窝蜂地跟过去。

看到某个人做某个行业特别赚钱，不管三七二十一，赶紧也跟着去做；

看到某个商品特别畅销，不管三七二十一，赶紧也去进一堆来卖；

看到去年某地柑橘价高，次年众多果农纷纷改种柑橘；

……

　　这样的事情听着傻气，实际上却是很多人一直都在做的。人人都想致富，但可惜的是，大多数人总是尾随那些抓住财富的人，试图在他们足迹的引领下推开致富的大门。这样的想法原本并没有错，借鉴学习成功者的经验可以避免走许多弯路，但很多人错就错在把借鉴变成了纯粹的模仿和复制。

　　某个行业确实赚钱，但问题是成功者已经是该行业的佼佼者，揽聚了这一行业的大部分财富，你凭什么去抢夺别人已经抓在手里的财富呢？某个商品确实畅销，但问题是成功者已经打响了口碑，满足了大部分对这一商品有需求的顾客，你又凭什么去抢夺对方已经"征服"的客户群呢？

　　市场是有限的，只做别人的跟随者，别说吃到肉，可能你汤都没有喝的。难怪有一句话说，"这个世界就像是一座金字塔，1%的人创造潮流，那剩下的99%只是跟随别人的脚步，跟随潮流。所以站在财富金字塔顶尖上的，永远都是那1%创造潮流的人，剩下的99%只能过着贫穷和平庸的生活。"

　　社会每天都在发展变化，各行各业竞争愈发激烈。要想获得他人无法企及的财富，是一件非常不容易的事情。而聪明人与普通人的区别就在于，他们不会跟随别人的脚步走，而是喜欢做领跑者，他们敢走别人从未走过的路，敢于打破其他人的游戏规则，所以成功的概率总是大得多。

　　始终走在别人的前面，一般能够赚到最大利润，并且令后人难以企及。正因为此，第一批卖电脑的人、第一批卖手机的人、第一批卖饮料的人、第一批卖太阳能或饮水机的人都赚到盆满钵满……所以，微软、IBM、可口可乐公司等，今天成为各个领域的翘楚，创造了属于自己的财富王国。

在我认为，追求财富没有最好的捷径。如果非要找一条捷径的话，那么就是不要在摩肩接踵的人流中去拥挤。追求财富的路有千万条，为什么非要与别人挤在一条道路上呢？当人人都挤上一条道路，最终人满为患的时候，这条道路又会变成什么样子呢？这样又何尝不是一件危险的事情呢？

所以，运用自己的头脑和智慧，找到一条新的道路，岂不是走得更远？

"我非常想念我的女儿，但是现在不能回家，也没有人帮我把女儿送到身边。你能帮我接女儿过来吗？"这好像是雇主交代一位"一次性保姆"的话。事实上，这是一位网友在淘宝网"陈潇的残余人生店"的留言。该店的介绍里有一句话"你们来安排我的今后生活吧！告诉我，我帮你们去完成。"

不到30岁的湖南籍女孩陈潇，从2008年12月开始就在淘宝网上"销售时间"。她声明："除非法、暴力、色情业务不接外，其余均可按顾客要求安排陪人的时间，包括接送孩子、买鲜花、买火车票、到医院陪伴输液等。你可以要我帮你做你不好意思或是没有时间做的事件，当然条件是我有时间，做我愿意做的事件。这里一小时的拍售价是10元，一天时间的拍售价格是100元"

"太有才了！""生意兴旺！"这是众多网友给陈

潇的留言。"销售时间"网店人气兴旺,已有数千人"购买",盈利上万元,有超过一万人收藏了她的淘宝店铺。店主陈潇说,顾客多半是"80后",其中接到最多的业务就是"给陌生的男孩表白""为心爱的女孩挑件衣服"等"爱情任务"。

陈潇看到了网络时代的到来,但是和别人一样卖衣服、卖饰品或许只能做无数淘宝店主的普通一员,和数不清的同类卖家残酷竞争。好在,她看到了别人没有看到的商机,率先销售自己的时间,这是别人前所未想的一种商品,结果她只需对这一新奇创意进行简单宣传,就赚取了属于自己的财富。

马云曾经说过一句话:"任何一次商机的到来,都必将经历四个阶段:看不见、看不起、看不懂、来不及。"不要羡慕别人抓到了好的商机,更不要盲目地跟随别人的脚步,因为眼前所有人看得见的财富虽然诱人,但是都已经成了别人的囊中之物。等你再去行动的时候,已经没有多大价值。

石油大亨洛克菲勒也说过这样的一段话:"如果你想成功,你应该辟出新路,而不要沿着过去成功的老路走……"

聪明人之所以赚钱容易,就是因为他们拥有非常精明的头脑和敏锐的眼光,能看到别人无法洞悉和察觉的大好机遇。所以,你想要赚取属于自己的财富,就应该做一个有心人,到没人发现的地方,用敏锐的眼光细心地去观察,发现别人还没有发现的机遇,这样才能挖掘到那些潜藏的宝藏。

谁都可以发财，
但要把现实和梦想区分开

某天某个极度有钱的远房亲戚去世，留下一大笔遗产给自己继承，顿时自己从一穷二白摇身一变，成为腰缠万贯的大富翁；

某天突然灵感一来，买了一张彩票，数字顺序全对，中了！顿时钞票从天而降，跻身全球富豪行列；

走在路上，一不小心踢到一个神秘黑皮箱，周围还没人看见，一打开，天哪，满满的钞票，一不小心就变有钱人！

……

扪心自问，你是否有过这样的致富"梦想"？

做这种白日梦一点儿也不奇怪，即便我们内心深处知道，免费的午餐和天上掉馅饼的事情几乎是不存在的，但若是真有，谁又能拒绝呢？人人都会做白日梦，这是一种很正常的意淫，但怕就怕，有的人错将"梦"当成了"梦想"，总是异想天开，沦为"幻想的俘虏"，永远只能在梦里头发财。

2019年胡润百富榜，马云及其家族以2750亿财富成为中国首富。马云的成功与他较早接触互联网有着莫大的干系，1995年马云被杭州政府雇佣做了英语翻译，和一个美国商人谈合作修建公路的事。期间，马云第一次见识了电脑和互联

网，他尝试着在网络上搜索了一些关于中国的信息，但几乎是"零"。这让马云敏锐地意识到，国内互联网领域有着巨大的空白，而这个巨大的空白背后藏着无限商机。回国后，他立即开始互联网创业，成了中国互联网的领军人。

但仅仅只是入行早就成就了马云吗？当然不是，事实上，比马云更早"触网"的大有人在，而且早在马云刚与互联网接触的时候，国内第一家互联网公司瀛海威就已经诞生了，该公司的创立者是张树新。在那个人们还普遍对互联网极其陌生的年代，张树新就设计了一个五脏俱全的互联网世界，她将"邮局""论坛""咖啡厅""游戏城"等等多种服务都放置进了公司的上网客户端，试图建造出一个完美的互联网世界。张树新的理念非常超前，她曾经做了一个名为"新闻夜总汇"的项目，那个时候，搜狐、网易、新浪还连影子都没有，她甚至还试图让她的互联网公司发展电子购物项目，并发行了中国最早的虚拟货币"信用点"，而那个时候，马云的阿里巴巴还没有出现。

要说入行早，马云远远比不上张树新，但最后的结果是，瀛海威失败了，阿里巴巴崛起了。张树新离开了她一手打造的"互联网世界"，马云则站上了中国互联网的巅峰。

究竟是什么造成了这种差距呢？

就在于，张树新做瀛海威时试图创造一个成熟完美的互联网世界，任何一个普通人都可以通过瀛海威的客户端进入到这个虚拟的世界。这个想法放到今天非常平常，因为互联网已经进入了我们生活的方方面面。但在当时老百姓对互联网这个东西完全陌生，没有多少人明白或者接纳这个东西，况且当时电脑和网络并没有得到普及，很多人甚至连互联网是什么、有什么作用都不知道。

正如张树新自己所说的，瀛海威之所以失败，大概就是因为它"太新""太理想"了。她梦想着创造一个成熟完美的互联网世界，这个梦想非常远大，眼光也具有前瞻性，但是她却忽略了当时国内的现实情况。在所有人都不了解互联网的情况下，这个梦想太不接地气了，再加上她之后的行动又缺乏切合实际的落实，所以失败就在所难免了。

而与张树新不同，马云创建的第一个互联网项目叫作"中国黄页"，简单来说就是收集大量各种企业的信息，将其汇总到网页上，方便网民来进行浏览、查找，这就好像是一个企业广告版的百科全书。后来的阿里巴巴，或者淘宝、天猫从性质上来说，其实也与"中国黄页"相类似，相当于一个产品信息的"集合"。马云所做的一切都是以现有企业和商业为基础的，从衣、食、住、行各方面为了现有的企业和商业服务。虽然互联网是新兴产业，但是有了现实的基础，那么落地就变得更简单了。

在这里，我列举这个例子就是想说明，很多人眼光非常先进，梦想也非常高远，想法往往走在了这个时代的最前头，可是当他们行动的时候却没有考虑如何让自己的想法更好地着地，更没有考虑到现实的实际情况，以至于以失败的结局收场。

梦和梦想的天差地别，由定位来裁决。也就是说，梦想可以

远大，可以让所有人都觉得不可思议，但绝不能脱离对自身的准确定位。

俗话说"人贵有自知之明"，只有先看清楚自己所站立的位置，看清楚自己手中所握有的资源，才可能将远大的梦想拉回现实。只有考虑现实的情况，从当下的实际出发，为此制订出切实可行的办法，才能让自己所拥有的一切发挥出最大功效，找到真正可行的，适合自己的致富道路。

印尼总统佐科，从贫民窟走到了总统府；美国前州长阿诺·施瓦辛格，从一名移居者，到登上美国政坛；爱多公司创始人"标王"胡志标，从山沟沟走出一段创业传奇路……

世界上每一天都在发生着不可思议的事情，世界上每个人都有创造奇迹的能量。重要的是，远大的梦想只有从现实出发才能有实现的可能，千万不能过于追求理想化而忽略了现实的基础。那么，当你试图向梦想靠近时，是否真正看准了自己的定位，是否真正明白自己究竟能做什么不能做什么。

梦想并不是天马行空的幻想，也不是毫无边际的胡思乱想。永远不要把梦错当成梦想，两者之间还有很远的路要走。梦之所以虚无缥缈，是因为做梦的人从来不曾去认真思索，如何才能将梦变成现实；梦想即便再不可思议，只要能在现实的基础上搭建起连接的桥梁，就存在实现的可能。

打工的使命不是赚钱，而是赚方法

　　几年前，一位读者曾向我求助，关于选择工作的烦恼。此刻，摆在他面前的有两份工作：一份工作稳定又轻松，福利高待遇好，但是没有什么成长空间，可能一辈子就能望到头；另一份工作繁重压力大，加班加点是常事，工资也不高，却能从中提升自己，而且未来充满了各种可能性。

　　如果是你，这样两份工作，你会选择哪一份？

　　放心，这并不是一道充满陷阱的心理测试，你选择哪一份工作的结果并不是重点，重要的是，你为什么会选择那一份工作。

　　通常情况下，我们很难遇到十全十美，完全符合我们预期值的工作。但在大多数人看来，工作的主要目的就是为了赚钱，因此，这份工作薪水待遇如何，往往是大多数人选择工作时最重要的参考条件。

　　当然，也有不少人在选择工作时，考虑得最多的往往是"通过这份工作，我究竟能够获得些什么"，他们认为的"获得"不仅仅指的是钱财，或者满足自己的兴趣爱好等。对于他们来说，通过工作能够得到的最宝贵的东西，是经验的积累，是能力的提升，是赚钱的方法以及发展或晋升空间。

　　如果你留意，你一定会发现，这两种不同的选择往往导致不

同的结果。

为了赚钱而打工的人，做任何事情当然都会向"钱"看齐，工作能给予他们最大的回报，就是优厚的待遇和薪资。这种人的成败往往都与"工作"捆绑在一起，很难获得突破性的发展，并且如果一旦离开这个特定的领域，或失去这份一直从事的工作，他们所得到的一切都可能就此化为泡影。

而后者，可能会放弃一份待遇优厚、任务轻松的工作，而选择一份劳神劳力、待遇普通的工作；可能会放弃一些能够长期、稳定发展的机会，而选择一个充满冒险的、不确定的未来。可偏偏就是这些让许多人不能理解的人，最有成功的可能，他们通常会成为金字塔顶端令人仰望的人。

因为为了获得经验及赚钱方法而打工的人，他们掌握的是赚钱的技巧与方法，工作对于他们来说只是一个平台，这个平台没有了，他们也能在其他的平台上一展所长，这就是"授人以鱼不如授人以渔。"再多的鱼总有吃完的一天，只有当你掌握了打鱼的技巧，才可能拥有取之不尽的"鱼"。

大学毕业后，林楠和孙恺同时进入一家企业做网站编辑工作。刚开始，两个人的工作表现没有太大差别，可半年后，林楠晋升为组长，孙恺却被老板辞退了。这是为什么呢？

"孙恺，我给你安排一个比较难的任务，怎么样？"经理问道。

"哦，我刚毕业没有经验，过段时间再给我，好吗？"

孙恺推诿道。

林楠却痛快地接受了，"好的，经理，我愿意接受这个难题。"

接下任务后，林楠就夜以继日地忙碌起来。工作上有很多不明白的地方，他就通过请教大学老师、在网上查阅资料等方法弄明白。而此时此刻，孙恺却悠闲地玩游戏。一样的工资，自己却轻松多了，孙恺一开始因此沾沾自喜，私底下也曾劝说林楠不必那么卖力，反正工资都是一样的拿。

林楠对此不以为然，在他的持续努力下，工作完成得很完美，因此得到了经理的赞赏。后来，经理总是把重要的、难度大的工作交给林楠完成，而把一些无关紧要的工作交给孙恺。林楠因此经常忙得不可开交，孙恺却经常无事可做。结果他做得少、学得少，自然成了多余的人，被开除在所难免。

一直以来，林楠的梦想都是拥有一家自己的公司。前阵子，在几个朋友的邀约下，他果断辞掉了这份人人羡慕的工作，开始创业，做起了外卖O2O。怎么就这么果敢，说辞职就辞职，难道不怕创业失败，最后一无所有吗？有人问。林楠笑着说："大不了我再回去做原来的工作，我的能力、经验放在那里，那些都是我的资本，我赚钱的能力。老实说，等着请我的人可不少！"

正如林楠所说的，他的能力、经验放在那里，那些都是他赚钱的能力。因为他知道，自己的生活是有保障的，他随时都能赚

到钱，这种底气赋予他辞职创业的勇气。

一份工作，最重要的不是能否赚到钱，而是能否培养赚钱的能力。被称为"打工皇帝"的唐骏曾说过这样一句话："我不是在为别人打工，我是在为自己打工，为我的财富、人生以及未来打工；打工就是为自己的人生创业，结果都是一样的，通过打工，你能获得财富，获得认同，获得经验。"

毋庸置疑，打工就是在为自己的人生创业，你所做的每一分每一毫的努力，都将得到相应的回报，这些回报不仅仅局限于财富，还来自他人及社会的认同，以及宝贵的经验，能力的提升等，这些东西往往比财富更加可贵。因为这些往往就是能够在日后帮助你获得财富的技巧与方法。

65岁，在多数人看来是尽享天年的时候，美国Viacom公司董事长萨默·莱德斯通却做出了一个重大决定，让自己重新回到工作中去，而且他的个人生活与公司之间没有任何界限，有时甚至一天工作十几个小时。

对此，萨默·莱德斯解释道："钱从来不是我的动力，我的动力完全源自对工作的热爱，我喜欢娱乐业，喜欢我的公司。我有一个愿望，要建立一个最庞大的娱乐商业帝国，实现最高的价值，尽可能地实现。"

工作的意义并不仅仅是为了获得一份薪水，我们必须从工作中获得更多的意义才行。

新东方教育集团董事长俞敏洪曾说过，人的一生中有两个追求，一是"有钱"，二是"值钱"。有钱的人不一定值钱，因为不管他拥有多少资产，从他个人价值来说都是分文不值的。但值钱的人想要有钱却不是一件难事，因为但凡值钱的人必然都是有能力的人，一个有能力的人必然是能够赚钱的。

如果你期待事业长远发展，那么就不要总盯着眼前的既得利益，而要将目光放长远，把工作看成自身生存和个人发展的平台，珍惜工作带给自己的除薪水之外的各种报酬，从而挖掘到他人不曾发现的巨大宝藏。这就是为什么有些人一开始看似普通，却最终能拥有可观财富的原因所在。

第三章
最高明的资本运作，
叫作"抱团取暖"

一个人的力量始终是有限的，而且每个人都有优点和缺点，很多事情无法一个人做到。所以，聪明人善于协作，懂得互相借力，以促进资本的良好互动，寻求更大更好的发展。

埋头卖力，很难出人头地

在传统观念里，"埋头苦干"一直是受人称颂的品质。在很多人眼里，想要获得成功，想要做成事业，就得有埋头苦干的精神。只要你肯卖力气，就能成为人上人。真是这样吗？

事实是，社会上从来都不缺埋头苦干的人，但未必都能成就一番事业。

某次出差的火车上，我遇到了一位外出务工者，叫老焦。今年五十多岁，因为家境不好，他早早辍学，十几岁就出来打工，这一干就是三十年。这些年他什么活都干过，木匠、邮递员、搬砖……而且什么苦都吃过，有关打工的经验很丰富。要不是因为身体累坏了，说不定还在工地上流汗。

"这些年这么辛苦，您攒下多少钱？"我追问。

老焦苦笑着摇摇头说："我挣的钱还不够给儿子在县城买房娶媳妇用的，而且房价这几年一直涨，好不容易攒够了首付，还欠了十几万的债。而那些我打过工的老板，每天就是打打电话吃吃饭，哪个不是好车开着，好房住着，人家赚的钱靠的可不是勤劳，因为人家有关系，有资源，也够

胆识。"

为什么有的人辛辛苦苦一辈子，仍旧熬不出头？

为什么有的人勤劳又敬业，但就是劳而无果？

……

不管是在工作岗位上，还是在日常生活中，我们身边有不乏任劳任怨埋头苦干的人，或许你也是其中一个。这些人是可靠的伙伴，是勤奋的员工，但通常来说，他们却鲜少能成为获得最高回报的劳动者。这并非上天的不公，或是命运的捉弄，而在于勤劳只是致富的助缘，它本身并不能致富。

不得不承认，我们生活在一个单枪匹马难以存活的时代，你很努力，你很拼命，不过你却要花比前人更多的时间才能成功。因为不管你从事什么行业，都将面临前所未有的压力和挑战——你做的事业别人也在做，你能获取的信息别人也能知道。几乎各行各业都呈现出饱和状态的时代，而且资源越来越多地被少数成功人士控制，在这样的背景下，想要成功不再仅仅只是埋头苦干就行的。

一周工作超过54小时；

一年内没有加薪；

三年中不曾升职；

薪水低，积蓄少，看不见未来；

无力置产；

内心空虚，缺乏安全感……

这一类人被称为"穷忙族"，"穷忙族"是近年来新出现的一个词语，来自英文"working poor"，指的是那些工作忙碌，薪水不多，始终无法摆脱贫困的人。

很多人都不知道，自己怎么会走到如今这一步，自己究竟是怎么沦为"穷忙族"的？其实，忙本身并没有什么错，忙说明你有事情做，你在努力奋斗。但很多人错就错在只是盲目地去忙，最终导致忙而无果。天长日久，忙来忙去，连自己也都不知道究竟在干什么，"穷忙"一族就是这么沦陷的。

穷忙注定无法翻身吗？不，你还有一条路可走——借势！

我们来看一则故事，能很清楚地说明"借"的必要性。

相传，大英图书馆老馆年久失修，在新的地方建了一个新的图书馆，新馆建成后需要把老馆的书搬到新馆去。这本来是一个搬家公司的活儿，把书装上车，拉走，摆放到新馆即可。问题是图书馆图书众多，这项工作繁重，而且按预算需要350万英镑，图书馆没有这么多钱。眼看着雨季就到了，如果不马上搬家，就会造成严重损失。怎么办？馆长想了很多方案，但均没有可行的，这让他一筹莫展。

正当馆长苦恼的时候，一个馆员找到馆长，说他可以一分钱不花就能完成任务馆长将信将疑地答应让这个馆员试一下，结果这个馆员真的没有花费一分钱就把旧图书馆里的全部书籍给搬运到了新图书馆。原来，他在报纸上发出了一条惊人的消息：从即日起一个月内，大英图书馆免费、无限量

向市民借阅图书，条件是从老馆借出，还到新馆去。市民们自然乐于免费读书，顺便将书还回去……

这个馆员想到借用市民的力量，难题轻轻松松就迎刃而解了。试想，如果单单靠搬家公司来做，累死累活也不会如此高效。

愚拙的人，只会一味地埋头苦干，就算起早贪黑地忙碌，挣的钱也终归有限，想致富真的很难；而聪明的人会选择正确的方式，懂得借力赚钱，只要看准了机会，就能轻轻松松发家致富。正可谓，想要迅速致富，想要赚到大钱，关键不在于你能做多少事，而在于你能借多少力去做多少事！

综艺节目《笑傲江湖》某一期来了一位在街头卖彩虹圈的选手，一个彩虹圈10块钱，他最多一天卖出过4万多块钱的业绩。这个业绩是相当惊人的，这意味着他一天卖出了4000多个彩虹圈。这可能吗？

一个普通的小小的彩虹圈，谁都能卖，不只是街头，就在路边的小商店里，大概随处都能找到。贩卖彩虹圈，哪怕你再勤劳，再苦干，从早走街串巷，一刻也不停歇，又能卖出多少呢？顾客凭什么就要选择在你这里购买呢？

刚开始，评委们普遍认为这个成绩是添加了水分的。但当这个小贩展现出自己玩转彩虹圈的"十八般武艺"后，评委服了——这个小贩很聪明，他贩卖的不仅仅是彩虹圈这么一个寻常的东西，而且还贩卖精彩的表演以及玩转彩虹圈的方法。就是这一点让他在众多小贩中脱颖而出，鹤立鸡群。

这个小贩看到自己想靠彩虹圈赚钱，需要什么样的关键能力，然后努力去发展这项能力。当他发挥这项能力去促销彩虹圈时，就等于让其他人帮着自己赚钱，所有的同行都望尘莫及。

阿基米德说："给我一个支点，我可以撬起地球。"

人并不是为了吃苦本身而生的，当付出与收获始终难成正比时，当你感觉自己的自我价值难以真正体现时，当你忙得一塌糊涂却始终浑浑噩噩时，请告诉自己，是时候改变了！学会借力，借别人的力，借工具的力，借技能的力……你便找到了杠杆的着力点，就可以去撬动整个世界，让自己迅速富起来。

没钱怎么办？借鸡来生蛋

想要赚钱，首先你必须得有资本，"空手套白狼"是绝对行不通的，这个世界上没有那么多愚蠢的"白狼"等着你去"套"。而说到资本，很多人第一时间想到的就是钱。这并不奇怪，对于大多数人来说，金钱是必需的资本。而且金钱越是充足，往往就越有竞争优势，越有可能成为赢家。

通常情况下普通人的起点都是差不多的，最缺乏的东西说

到底就是资金，这大概是全天下创业者们的共同之处。更重要的是，机遇往往是一闪而逝的，当你发现一个好的项目，一个有发展潜力的商机，却因为没有足够的资本，不能果断出击，不能抓住机会，可能机会就会落入别人手中。

刚毕业的陈恩一直怀抱着一个创业梦想，但横在梦想之前最大的一个现实问题就是——钱。年迈的父母辛劳一辈子，也只不过攒下了微薄的养老钱，陈恩实在没法子开口向家里寻求资金支持。

为了筹集创业的第一桶金，陈恩每天早出晚归，穿梭在城市的大街小巷，但即便如此，除去生活所需，陈恩存下的钱也所剩无几。有好几次，陈恩都看中了几个非常有发展前途的商机，但最终都是因为资金问题而不得不放弃。

现在，不少曾经陈恩看中的项目都赚了大钱，但陈恩却依旧只能攒着微薄的工资，遥望着不知还有多远才能触及的创业梦想。

像陈恩这样的年轻人非常多，他们家境普通，有想法有干劲，但偏偏就是缺少资金支持，只能数次与机会失之交臂，眼睁睁看着别人挣大钱。

如何改变这一状况呢？很简单，两个字——借贷！

那么，"借贷"这件事情对财富的积累究竟影响有多大呢？举个例子，如果现在有个机会摆在你面前：你只要投入100万元的资本，就很可能可以赚到200万的收益。但问题是，你现在手上没有资金，而幸运的是，你可以通过某种方式向别人或向银行借贷这100万元的资本，你敢借吗？

路维格是美国著名的造船大王，他就是一个"借"中高手。

创业之初，路维格是个一无所有的穷小子，他不愿意接受命运的安排，也想像那些有钱人一样，做出一番惊天动地的事业。一番思虑后，他打算买一艘货船改成油船载货。可是买船需要钱，路维格并没有钱。如何才能得到这笔钱呢？按部就班地工作，然后积攒工资？不，如果是这样，可能一辈子也没办法赚够买货船的钱，那么可能终其一生都是一个穷小子，于是他决定向银行贷款。

接下来，路维格拜访了纽约数家银行，他告诉银行说他拥有一艘老油轮，并租赁给了一家石油公司，他向银行承诺，只要银行愿意批准他的贷款，那么他将会把租契交给银行，这样银行就能直接每个月从石油公司收取租金来作为贷款的还款。这样的想法似乎有些荒唐，不过好在那家石油公司是家大公司，在信用度上还是有保障的，所以最后有一家银行批准了路维格的贷款。

成功拿到贷款后，路维格利用这笔钱买下一艘货轮，改成油轮后，并租赁了出去。但路维格并不满足，他想做的不仅是一艘油轮的生意。于是，他用同样的方法又借来另一笔款，买下另一艘船……后来，他拥有了数艘油轮，成了一个

名副其实的大船主，获得了别人奋斗一辈子都不可能拥有的财富。

这时，路维格又产生了一个更绝妙的想法：现成的船可以用来借钱，那么待建的船是不是也能用来借钱？接下来，路维格在打算改造一艘船之前，就去寻找愿意租用这条船的人。这样一来，在船建造之前他就能拿到一份租契，这份租契就能作为向银行借款的抵押。银行批下贷款之后他就利用这笔贷款造船，之后船的租金就能用来还银行贷款，等贷款还清这艘船就能真正属于自己。

由此，路维格从一个试图利用油轮运输来赚钱的运输商，过度成了一个能够自己进行油轮设计和制造的制造商。

这样的方式简直令人拍案叫绝，一无所有的路维格通过巧妙的"借"，成功获得了银行的贷款。而通过成功向银行"借"资金，路维格又成功获得了属于自己的资产——货轮，而且是在没投入任何资金的情况下。正是这种巧妙的借贷方式让路维格从一无所有的穷小子，迅速成长为美国造船大王。

其实，很多白手起家的成功企业家，他们创业的第一笔资金通常都不会完全只靠自己的工作收入来筹集。一个人要靠自己的努力累积一定的创业资本，可能需要五年、十年甚至更久，但如果是"借"，可能只需要一天或者一星期、一个月。用钱赚钱，远远比以力"卖"钱要容易得多。

所以，当你缺少资本时不必忧心忡忡，只要你能像路维格一样去"借"资金，往往能够迅速提升自己的竞争力，从而获得更多的机会、更大的成功可能性。

打一个形象的比喻，有些人没有鸡，他会想尽办法去和别的拥有鸡的人借鸡，甚至开办起一个养鸡场，让千千万万的鸡来为自己生蛋。当拥有的鸡越多时，他自然也就能得到越多的蛋。在这样的情况下，养鸡场一天所能够获得的蛋，可能就已经超过了别人那只老母鸡一年甚至十年所生的蛋。

通常来说，财富，不管是有形的，还是无形的，往往都是越集中就越能创造更大的财富，这是亘古不变的商业法则。换言之，就是当你越有钱的时候，你就越容易能赚到钱，而你越没钱，那么也就越难赚到钱。"借"对于任何一个试图改变自己命运的人来说，绝对是一门必备的技巧。

但从别人手中"借"资本，说得容易，做起来却很难，绝对是一项大本事。说到借钱的本事，万通控股董事长冯仑绝对是一个聪明的高手，在他的创业过程中，他借到过不少钱，从两三万到一千多万，他都成功借到过。那么，借钱这件事这么难，为什么冯仑偏偏能成功，甚至还无往不利呢？

冯仑曾在采访中分享过两次自己在创业过程中的借钱经历。

一次借的是十万块钱，对方提出需要一个人来做担保。那时候冯仑初出茅庐，没人愿意替他担保。冯仑请人吃饭，求人帮忙担保。当时因为穷，请客是在自己家，晚上为了让

对方住得舒服，咬咬牙去酒店开了房间。还因为兜里没钱，舔着脸皮让对方先把钱垫上，然后第二天去找人借了房费，结账的时候才把这账给结了。后来那人帮冯仑做了担保，他借到了这十万块钱。

第二次借钱足足有五百万，借钱人提了个要求，让冯仑先帮忙做件事。按照约定，冯仑立马去把这事给做了，而且做得尽善尽美，最终借到了这五百万。后来按照归还日期，冯仑主动向对方还给钱。因为这一次的经历，那人看到冯仑诚实守信，再后来又借了他一次，那一次借了一千三百万。

真诚守信，这就是冯仑借钱的本事。人与人之间的关系其实就是将心比心，你对我真，我对你真。真诚地对待别人，不能欺骗，弄虚作假。答应了别人的事就得做到，答应了什么时候还钱，就得一分不少地还上。这样，别人才能相信你，才放心你，也才可能心甘情愿地把钱借给你。

做一个好"负翁"，更易脱离贫穷

现代社会，有一个非常有趣的现象：越是有钱的人似乎越喜欢借钱，而越是没钱的人则似乎越是尽可能地避免借钱。

有钱的人到底有多喜欢借钱呢？据一项调查显示，在整个东亚地区，除去非常不喜欢借钱的日本人之外，那些拥有100万美金净资产的人群中，平均负债占据了他们总财富的四分之一左右。也就是说，一个拥有100万美金财产的人，可能背着40万美金左右的负债，这个比值是相当惊人的。

有些人明明很有钱，为什么偏偏还喜欢借贷呢？这大概是许多人都想不透的问题。毕竟对于大多数人来说，不管是向亲戚朋友，还是向银行或者某些金融机构借钱，负债都是一种沉重的压力，通常不到迫不得已的情况下不会开口借钱。即便迫不得已欠了债，也会想方设法地将钱尽快还清。

如果你也这么想，不妨了解一下什么叫良性负债。通常来说，如果某些负债能够为我们带来更大的收益，那么这种负债通常就是好的，我们可称之为"良性负债"。

其实如果注意观察，不难发现现实生活中银行最大的贷款客户永远是有经济实力的人，越有钱的人往往越是喜欢向银行借款。不少成功的企业家或商人积累财富的轨迹往往也都是"良性负债"：努力工作—获得报酬—更努力地想办法借钱—利用负债获得更多的资本—轻轻松松致富。

很多人可能不明白了，负债不就是欠钱的意思吗？怎么可能致富呢？

举个例子，假如你做某项投资，年收益率大概是10%左右，当你手里有10万元的资本时，做这项投资一年大约能有10万×10%=1万的收益。试想一下，假如你手中的资本翻倍，如果你有100万，那你是不是就可以一年赚10万？有一千万呢？可问题

是，很多时候你手里掌握的资本是固定的，可能只有10万。那怎么才能迅速扩大资本，赚更多钱呢？当然是靠"借债"。

有些人喜欢负债，乐于负债，因为负债对于他们而言，是能够带来经济收益的资本。与所能带来的收益相比，负债所产生的一些压力其实也就不算什么了。

素昔就是一位十分擅长将负债变成资产的人，早年间素昔所就职的企业开发了一处别墅区，并给予员工们一个极大的优惠：该企业的员工只要拿出大约50万元，就能买下该别墅区的一幢别墅。当时，素昔和丈夫都只是该企业的一名普通员工，两人也根本没有多少积蓄，50万对于他们而言简直就是巨款。但即便如此，素昔坚持东拼西凑借到了50万，为了这事夫妻两人没少起争执。

在素昔的丈夫看来，这幢别墅就是一个"负债"。一方面，家里一共就四口人，根本不需要住这么大的别墅；另一方面，购入别墅之后，从装修到维护都是一笔巨大的开支，他们根本承受不起这些花费。此外，就当时的平均收入水平来看，在那个小县城，即便想转手把别墅卖了赚钱，也未必能找到买家。

素昔的想法却和丈夫完全不同，在她看来，这幢别墅根本就是能够赚大钱的"资本"。一方面，作为企业的员工，他们能够以不到市价一半的低廉价格购买这幢别墅，这本身就是一个稳赚不赔的买卖；另一方面，这幢值钱的"不动产"完全能够成为变现的巨大资本，让事业和生活都上一个新台阶。

素昔也确实这么做了，她利用别墅做抵押，向银行借贷了一百万元，随后用这笔钱和一位熟识的煤矿老板合作，赚到了人生的第一桶金。而后，她利用这些资金购买了一些期票，公司股份等。而到现在，随着该地的经济发展，房价也开始不断上涨，尤其这个小区作为该地唯一一个独幢别墅区，地价更是翻了好几番，这幢当初以50万元低价购入的别墅，如今市价已经涨到了400万。

同一幢别墅，在素昔丈夫眼中是"负担"，在素昔这里却成了能够创收的"资本"。可见，同样的东西，利用得当，负债也能成为资本。良性负债，是为了扩大手中所拥有的资本，从而赚到更多的钱，获取更多的财富。

需要提防的是，良性负债可以起到加速器和财务杠杆的作用，而不良负债则只会让你成为金钱的奴隶，深陷贫穷的漩涡。

比如，当下不少年轻人并不恐惧负债，甚至热衷于负债。很多时候，他们不会理财，总是喜欢乱花钱，大多来自购物的欲望和频繁的社交活动，甚至一直无力偿还，干脆破罐子破摔，继续挥霍无度。这种人常被戏称为"卡奴""债奴"等等。这些负债往往都是不良负债，无法转变为有效资本。

负债可能会成为你致富的捷径，但利用负债进行超前消费、过度消费甚至盲目消费等行为是不值得提倡的，这样的负债只会

让你在经历短暂的享乐之后，陷入更加困苦的境地。

通常来说，能够带来一定收益的良性负债，一般都不会超出我们自身所能承受的极限，也不会对个人或家庭生活造成影响。以住房负债为例，国际通行的原则是，每月还款额度不超过家庭月收入的28%；而如果是消费性的负债，则每月还款额度要控制在月收入的20%以下，越少越好。

控制好风险，规划好负债，合理利用良性负债的杠杆作用，增强自己手中的资本，获得扩大化的收益，你一定能从"负翁"变成真正的富翁！

运作资本，试试站在巨人肩膀上

著名科学家牛顿曾经说过，"我之所以能获得成功，就是因为站在巨人的肩膀上。"

这话虽是大师谦虚的言辞，但仔细分析不无道理，一个人想要在事业上取得成功，单枪匹马是很困难的，只有善于借用别人的力量，才更容易发现成功的机会。这就是我们常说的俗话——"背靠大树好乘凉"。

这个道理用在财富场上，同样适用。一个人，一家企业，力量还不够强大，势单力薄时，只有背靠着大树，有了最坚实的依靠，才能发现最广阔的市场，才能更好地抢夺市场。

B凉茶的发展模式就是"背靠大树"的代表。

凉茶一直是两广地域的优势饮料，其中温州人尤其喜欢凉茶，据说W就是温州人喝出名的，是温州人喜欢喝W到疯狂吗？不是，主要是他们在跟W学习，准备创办出另一家凉茶饮料B。和W一样，B包装外形主色调也是红色，也是打喜庆牌，也是有去火的功效，仿效痕迹明显。

为此，人们常常把B称作W的"弟弟"。对此，该企业高层并不避讳，"因为W是中国的品牌，拥有庞大的市场占有率和鲜明的认知度，所以B依附于W，未尝不是一个两全其美的办法。"

B聪明地借用W刮起的凉茶风，推广宣传自己的品牌。试想，如果B在全国与W抢市场，无疑是以卵击石难以取胜。该企业深知这点，如果避重就轻，和W做同类的产品，让W做B的"嫁衣"，相信许多消费者会更容易接受，那么也会更容易打开市场。

刚开始向W靠拢，就是为了实现利益的最大化。当B获得了消费者认可之后，B开始甩开W的束缚，实现品牌的差异化，做出自己的特色。如一位高层所说，"传统凉茶纯粹是去火，我们加了纯天然蜂蜜的糖分，具有滋润、养颜的功效，这让诸多减肥女性和糖尿病的老年人颇有好感。"

就这样，B凉茶借助W凉茶的先天市场，成功地推动了自身

的发展。

背靠着大树，只是借助这个客观条件，用它做跳板让自己跳得高，跳得远。实践中，一个人单枪匹马很难获得成功，所以那些聪明的创业者们懂得借用别人的力量，尤其是站在有实力的同行肩上创业，借助一些有实力的大公司来作为靠山，与巨人互补才更容易创好业，赚到钱。

很多人会说，"大树"谁都想靠，可是却无处去找。其实不然，"大树"其实无处不在，关键在于你的目光是否能敏锐地停留在"大树"上。多数人的目光只会停留在"小树"上，得到蝇头小利就乐不思蜀，根本就顾及不到"大树"，又谈何背靠"大树"呢？更不用说抢夺大的市场了。

1998年5月，企业家梁伯强无意间在一张旧报纸上看到了一条消息，这条消息是关系指甲钳的。原来，在当时国内生产的指甲钳质量不合格，这就导致有关部门痛下决心，加大力度，准备拿下指甲钳的质量难关。梁伯强眼前一亮。他觉得这是一个机会，因为做指甲钳正是他的老本行。

得知消息的第二天，梁伯强就跑到广州的"555"国有指甲钳厂进行咨询，但是这家工厂早已经停产了。随后，梁伯强又去了天津、北京等地，经过一番考察，他发现，现在生产指甲钳的企业，只有私营企业生产的指甲钳销售比较好，原因就是价格便宜，但是质量粗糙。而国有企业却很少生产了。

既然无法在国有企业学到自己想要的，梁伯强想到了去国外学习。到国外一参观，他一下子大开眼界，因为国外的指甲钳生产工艺要比中国强很多，而且价格不菲，这让梁伯强对指甲钳生产有了更大的信心。虽然指甲钳很小，但是市场却很广阔，如果做好，肯定能收获到不小的利润。

经过对各国的考察，梁伯强发现韩国的指甲钳生产非常具有特色，于是他就着重在韩国考察。经过一番考察，梁伯强发现，韩国的"777"指甲钳生产公司非常具有代表性，为此，他从该公司进口了1000万元的产品。为了能摸清对方的技术，只要自己在生产中遇到什么问题，就说指甲钳的质量不合格，就跑去韩国咨询，就这样梁伯强"偷学"到了韩国指甲钳的生产材料和制造工艺。

经过一段时间的研究生产，梁伯强顺利拿到了全国五金制品协会创会以来的第一张质量检测合格证书。1999年，梁伯强生产的指甲钳被推荐参加中华人民共和国建国50周年成就展，得到了国家领导人的肯定；2002年，梁伯强的指甲钳被评选为"中国指甲钳第一品牌"，自此在国内确立了江湖地位。

在市场面前，要懂得运筹帷幄，要像一个谋士一样发现商机，再像一个勇士一样去攻城拔寨，还要善于借力抢夺市场。这样，才能把商机牢牢握在自己的手中。

而且，往往是你"借"的力量越雄厚，赢的机会就越高。

借信息，比借钱更让人受益

当今社会，什么是最宝贵的资本？

有人说是钱，在这个商业社会，钱几乎可以扫清通往成功道路上的所有障碍；

有人说是知识，知识能够创造财富，别人怎么也夺不走；

也有人说是人脉，好的人脉可以为你提供难以估量的助力；

……

而我却认为，当下最宝贵的资本是信息。

网络上有这么一个段子，说新浪和腾讯在聊天：

新浪说"我们起步早！"腾讯回答"我有6亿用户。"

新浪不服输，继续说"我们明星很多！"腾讯答"我有6亿用户。"

新浪再次叫板"我们质量高！"腾讯答"我有6亿用户。"

新浪"我们引导舆论！"腾讯答"我有6亿用户。"

最终，新浪无言以对。

这虽然只是一个笑话，却也很明显且直观地反映出，对于腾讯来说，它最具竞争力，最值钱的东西不是任何一项产品，而是它庞大的客户群。6亿用户，这意味着腾讯拥有了一个极其庞大的信息数据库，它通过这些庞大的客户群所搜集到的信息显然比任何产品，任何服务都更加值钱。

当今社会是发展的社会，更是信息的社会，每天各行各业都会涌现出非常多的信息。不管你是创业还是经营企业，这些信息都是难得的财富。只有抓住第一手信息，才能先于别人迈出第一步。所有人都知道的事情，尤其是竞争对手已经知道的事情，你还被蒙在鼓里，那么输得会很惨。

当辛苦研发出一款产品准备入市时，却发现市场上已推出同类产品，且一上市就受到了追捧；当组织科技人员攻克某一产品的技术难关，还来不及庆功时，却发现该产品已经被新的产品所代替……这样的事情几乎每天都在发生，因为信息的落后和闭塞，导致一番心血付之东流，想必谁都会痛心疾首。

一个人，一家企业，一个行业，只要想赚钱，必须把信息放在第一位。关注信息就是关注财富，金钱才可能会滚滚而来。比如，你了解市场的新动向，你就更容易抓住商机；你获得的招聘信息多，你的就业就相对容易；你知道了竞争对手的新举措，果断迅速采取行动，你就能在竞争中占优势。

所以，很多聪明人都乐意在信息收集、市场调研等方面投资或借力，其中许多世界级大公司用于信息技术研究的资金，占它们总支出的三分之一以上。

很多时候，一条有用的信息实际上就是一个宝贵的商机。

康铭在朋友眼中绝对称得上一名"投资大师"，只要跟着他投资，一准儿能挣钱。

就说几年前，康铭贷款买了一处位置较为偏远的新开发区的房子，那地方虽然山青水秀，但距离市区的距离可不近，在那儿买房，根本就是给自己添麻烦。可没想到，没过多久那个小区附近开发了一个大型水上度假村，一时之间，房价飞涨，康铭买的房产还没交房价格就涨了将近一倍。

不久之前，一路低迷的股市总算迎来春天，看着形势一片大好，众多股民的热情又燃烧起来。康铭平日也有投资股票的习惯，自然也乐滋滋地再次入市。可就在股市呈现出一片欣欣向荣景象时，他突然把手里所有股票都抛售了。周围的人还没反应过来，股市再次遇冷大跌，不少人再次被套牢。

康铭这"未卜先知"的能力着实令人佩服，这也让他成了众人的理财顾问，周围的亲戚朋友，谁想做投资都要来问问康铭的意见。

众所周知，商业场上向来是瞬息万变的，算命先生也没办法帮你预测商业场上的走向。那么康铭为什么能"未卜先知"呢？其实，这很大一部分要得益于康铭的职业。

康铭是一名律师，这个职业平时所接触到的客户群体各式各样，上至达官贵人，下到贩夫走卒。而康铭所谓的"未卜先知"，实际上就是来自平日与这些客户交往过程中的信息。比如，上次康铭正是和一位建筑设计师闲聊，得知政府相关人员曾接触过对方，询问水上度假村的规划和设计。

那么，康铭又是如何判断哪一只股票是潜力股？什么时候适合抛售呢？有了解内幕的人透露，在股票一级市场公布股价前，他都会乔装打扮一番，直接到股票发行企业去进行认真调查。正是通过这种方式，他采集到关于企业的最准确信息和情报，进而能做出正确决策，迅速将其转化为个人财富。

可见，康铭会在各种信息中发现商机，然后果断出击，把握住这来之不易的机会，从中赚取到了别人没赚到的财富。

社会就好像一个金字塔结构，越是有钱的人，往往站得越高，自然也就能看得越远，获取的信息当然也就越多，这就是为什么越是有钱的人赚钱越容易。

只有获取到别人无法轻易得到的信息，或比其他人更早更快地获得信息，我们才可能将这些信息变为值钱的资本。而要做到这一点就应该向康铭学习，利用自己所能接触到的一切人脉，通过与他们的交往和接触，来从他们身上"借"到他人所无法触及的信息。

市场信息情况瞬息万变，为此，你还需要随时关注电视上的新闻信息，及时了解行业最新信息；经常参加行业或其他专业性强的社团活动，如展销会、贸易会等；多对优秀的同行实地观摩，定期"侦查"竞争对手，收集对方的宣传单、广告、产品介绍等，做到"知己知彼"方能长久不败。

借别人的经历，成就更好的自己

孔子曰："三人行，必有我师焉，择其善者而从之，其不善者而改之。"

这句话相信大家都不陌生，字面上的理解就是，三个人在一起其中必定有人在某个方面值得我学习，那他就可当我的老师。别人好的地方要虚心学习，别人不好的地方要引以为戒，反省自身。这样一来，不管同行的人是"善"还是"不善"，都可以为师。当然，这里的"三"作为虚数，泛指多人。

在大学的某一堂课上，严教授给我们出了这样一道题目："这里有一个带洞的瓶子，怎样才能把它补好？你们谁的主意最好，我给谁一百元！"

"我会找些材料把洞补一下，这是最方便的办法。"

"用激光技术焊接起来，我保证看起来完好无缺。"

"干脆用一个一样的瓶子代替，达到以假乱真的目的。"

……

一时间，同学们给出了各式各样的答案。

这时班长站了起来，耸耸肩说道："我没有什么好办法，不过我会向别人征集方法，提供一个方法便能得到五元奖励，这就是我的办法。"

这是什么方法？当时大多数同学都以为班长要挨骂。没想到，严教授却微笑着将手里的一百元给了他。随后，他向我们意味深长地说道："用这些钱去和别人征集方法，或许自己会失去部分财富，却可以得到无数的答案，从这些答案中所选出的答案一定是最好的，因为它集合了众人的智慧。"

这是一堂意义深刻的课，让我懂了，成功更青睐那些懂得并且善于集思广益的智者。

美国心理学家威廉詹姆斯也曾说："聪明的人总是用别人的智慧填补自己的大脑。"

的确如此，那些功成名就的人不一定是所有人中最有实力的，他们只是善于从别人那里借用智慧，比如三国时期蜀汉开国皇帝刘备，虽然他文才不如诸葛亮，武功不如关羽，胆识不如赵云，但他善于发现别人的长处，并能够加以利用，协调别人为自己做事，这就等于找到了成功的力量。

俗话说"尺有所短，寸有所长"，我们每个人都不是完美无缺的，能力再强的人也有不够完善的地方。一个人只有懂得谦虚好学，放下身架，虚心向他人请教，借用他人的智慧，才能不断提高，获得更好的发展。当然，这里的"智慧"可以是知识，可以是力量，但最重要的是经历。

　　网易创始人丁磊认为，成功者最宝贵的资本是他的"经历"。但凡是对丁磊有一定了解的人都知道，虽然他是中国最成功的企业家之一，但他的人生其实并没有什么大起大落的经历。通常来说，人只有在经历过某些大起大落、令人印象深刻的事情后，才可能发生一些根本性的转变。试想，如果一个人一生都平平淡淡，那这个人的性情和思想等方面通常是不会发生什么巨大转变的。

　　一位记者在采访丁磊时问出了自己的困惑，他不明白，人生经历相对较为平和的丁磊，为什么会认为"经历"是促使一个人成功最为宝贵的资本。

　　在回答这个问题之前，丁磊谈到了他最近正在读的一本书——《乔布斯传》。

　　作为苹果公司的创始人，乔布斯在全球"苹果迷"的心中都有着非同一般的地位，他所缔造的不仅仅是一家成功的企业，更是一个开创时代的产品。丁磊并没有看完那本乔布斯的传记，他说自己只看到了乔布斯21岁时的经历，之后便放下了那本书，因为他已经从中找到了重要的答案：乔布斯成功的秘诀。

　　"乔布斯的成功实际上就是与他的经历有关，年轻时他去过德国和印度，并在这两个截然不同的社会环境中得到了对未来创业的一些启发。此外，乔布斯去日本至少15次。"对此，丁磊认为，"乔布斯如此频繁地前往日本，肯定不是为了玩，那么他去日本是为了什么呢？很可能是想体验日本不同的企业文化，而这些东西对于他日后创作苹果也有着深刻的影响。可见，一个人的经历，不管是否大起大落，实际上都会在某种程度上对这个人以后的发展有着一定影响。"

"当然，更重要的是。"丁磊进一步解释道，"乔布斯的这些经历也启迪了我，多走走，多看看，有可能会改变你的创业思路。"

毋庸置疑，一个人的智慧是在成长的过程中一点一滴积累起来的，不管你的人生经历多么平淡或跌宕起伏，实际上都是在为你的人生价值"添砖加瓦"。比如在成长的过程中，不管是学习到的知识，还是从周围环境获取到的信息，实际上都会对日后你的思想和价值观造成一定影响；当踏入社会，从事某一职业时，你在工作中的经历同样会对个人价值的形成造成重大影响。

虽然别人的经历不一定能够复制，但是追寻他们走过的足迹，能得一二。认真学习别人的经历，实践过程中不断对照别人的经历，做出自己的理解和调整。当你把别人的经历变成自己的本事，在这些经历中获得了相应的能力后，你就真正成了一个值钱的人，一个拥有资本的人。

第四章
有效运用人脉资源，
实现财富增值

如今，各行各业的竞争趋向于白热化，谁拥有更为丰富有效的人脉，谁无疑就掌握了赚大钱的钱脉，也就更容易在竞争中居于优势地位。正所谓，人脉就是钱脉，人缘就是财缘，人脉决定命脉。

将自己封住，是一种自我保护？

在我们身边有两种人，一种喜欢在自己周围砌起一道"墙"，把自己和他人隔离开来；一种则喜欢编织一张"网"，把自己和他人联系起来。

那么，你是哪一种人呢？结果又是怎样？

据我观察，"砌墙"的人总以为能独善其身，却在避免麻烦的同时，也失去了许多便利与帮助，最终也会与心仪的财富失之交臂。因为一个人能力再强，发挥的光热也有限，他们只能在自己的小天地里消费少得可怜的资源。而"织网"的人大多都成了有钱人，因为他们更喜欢与别人建立联系，虽然交际中会面对一些未知的麻烦，但同时他们也会从中获得便利与支持。

在好莱坞最流行的一句话是——"成功，不在于你知道什么或做什么，而在于你认识谁。"成功的重要因素之一，就是必须广交善缘。从现代的角度来看，人脉就是钱脉，一个人事业的成功与否，跟他所经营的人际网络有密切关系。表面上看来，人脉不是直接的财富，可没有它很难聚集财富。

杰夫和彼特同是一家保险公司的业务员，两个人学历相当，年龄相仿，而且能力也不相上下。不同的是杰夫自从大

学毕业之后就很少和从前的同学朋友联系，一方面是因为工作确实很忙，实在没有多余的时间和精力再去交际；另一方面则是因为他性格内向，除了必要的工作，他不喜欢与别人交流。而彼特则总喜欢和同学朋友们在一起，而且这些人大部分都是学有专长的社会精英。

就这样，仅仅过了一两年，杰夫与彼特两个人的世界就有了天壤之别。彼特利用同学和朋友的关系，结识了不少潜在的客户，成为一名十分出色的保险顾问，而且还有许许多多的赚钱渠道，投资的生意越做越大，赚了不少的钱。而杰夫则还在原来的保险公司继续做着他的保险顾问，业绩惨淡。

杰夫常常抱怨，认为自己的一事无成是因为缺少好的机会，缺少好的运气。但他却不会反思，为什么自己缺少机会，为什么别人就能够得到机会，仅仅只是归咎于运气吗？当然不是！彼特的成功就在于他乐于与人交往，广泛而深厚的人际关系，每一个结识的人都可能成为他人生中发展的"机遇点"。

生活中像杰夫这样的人想必也不少，这类人内向腼腆、不爱说话，更喜欢独处，虽然他们内心可能也渴望人群，但是由于性格的原因，或是个人经历，他们却又始终没有勇气走出自己的生活圈子。他们恐惧和人打交道，害怕自己受到伤害，于是只能不断远离人群，试图为自己建筑起一道围墙。

然而，"围城"所阻挡住的，不仅仅是危险和麻烦，还有无限的机遇与可能。

我们都曾使用过圆规画圆，以一个点为中心，圆规永远都走不出半径之外的距离。很多人的人际交往状态就像是这个圆规，在一定的半径之内不停地环绕，却始终无法走出这个圈子。但我们知道，半径再大，圆的大小始终都是有限的，与圆之外能够无限延伸的世界相比，圆充满了局限性。

那些抱怨缺少机会，缺少机遇的人，实际上就是被自己所画的圆给圈禁起来了，他们能接触到的，永远只是圆内小小的世界。

你曾经或者现在遭遇过杰夫的困境？你羡慕彼特左右逢源的人生吗？想要改变这种状况，改变自己的命运，就必须找准一个点，打破那个禁锢你的"围城"，推倒阻碍你的"围墙"，走到外面的世界。只有往外走一走，你才能寻找到无限的可能，也只有走出去，你才能获得人生的蜕变。

人脉不是直接财富，为什么却能产生财富呢？看一个简单的例子，你就明白了。

　　刘杰想买一台笔记本电脑，但市面上的种类繁多，质量参差不齐，他又不懂电脑质量和行情，考虑了三个月也没有下手，为此苦恼不已。有一天，他为此事向朋友苏杰诉苦。苏杰听后说："我有一个朋友对电脑软硬件都很熟悉，我帮你介绍认识一下，让他给你一些购买建议。""那真是太好了！这样我就不用担心买到不合适的电脑了。"刘杰如释重负，并最终如愿以偿。

生活中，相信你也有过类似的经验吧？遇到困难或者不懂的地方，往往会求助于周围的朋友，有些则是通过朋友的介绍而求助新朋友，如此一来，你的问题不仅轻松解决了，而且还认识了更多的朋友。人缘越好，人脉越宽，你做起事来就越方便，越容易通往财富、荣誉、成功之路。

美国总统西奥多·罗斯福说："成功的第一要素是懂得如何搞好人际关系。"

美国石油大王洛克菲勒说："我愿意付出比天底下得到其他本领更大的代价来获取与人相处的本领。"

激励大师安东尼·罗宾也说过："人生最大的财富便是人脉关系，因为它能为你开启所需能力的每一道门，让你不断地成长，不断地贡献社会。"

必须承认，一个好的"朋友圈"可以为你提供更多的机遇，帮你打通多条通向成功的道路。据我观察，那些取得成功的聪明人，毫无例外都不是仅仅靠个人的力量而取得的，而往往得力于朋友的帮助，良好的人脉关系。时时左右逢源，处处如鱼得水，自然也就事事顺心如意，财源广进。

当然，还有一些人之所以不屑于经营人脉，不喜欢谈人脉，是因为他们认为人脉与直接的利益联系在一起，是一种带有极强功利性的不良现象。确实有一部分人常是带着目的性和功利性在与人交往的，但如果仅仅因为看不惯这些不良现象，就将"人脉"视作一种下作或低劣的联系，那就非常偏激了。

社会就像一张交错的大网，由各种各样的关系所构建而成，你在这个社会中生存、做事，就不可避免地需要与人交往，需要去触及或调动各种各样的人际关系，这是一种非常正常的现象。为此，我们每个人都应该摆正自己的心态，要知道结交人脉未必就是可耻，孤独也未必就是光荣！

与人建立关系本身并没有什么对错之分，重要的是你利用这个关系去做什么，利用这个关系想去得到什么。

人脉资源的累积，将让人风生水起

"锄禾日当午，汗滴禾下土。谁知盘中餐，粒粒皆辛苦。"大多数人上小学的时候都已经对这首唐诗非常熟悉了。谁都知道，任何事情都是一分耕耘，一分收获的。对于你的人脉关系网来说，也是一样的道理。若是你平时不肯或不愿为他人付出，那么谁会拿你当真正的朋友来看待呢？

这个世界是不可能有免费午餐的，与人交往就像在播种，播下的种子越多，你所能得到的收获也就越多。所以要想赚钱，首先需要做的就是多多搭建自己的人脉网络，辛勤地为财富的存折播种、耕耘，这样你才可能在收获的季节里满载而归，不让机缘擦肩而过，不让财富失之交臂。

那些能够在不同的空间领域施展才能的人，往往都是善于"播种"的交际高手。

哈维·麦凯刚刚大学毕业后，在找工作时遇到各种挫折，雄心勃勃的他面试接连失败，这给了他不小的打击。最后，靠着父亲的人脉关系他得以在沃德的品园信封公司谋得一个卖信封的职位。可当时他的收入非常低微，连普通的公寓都租不起。不幸的是在那年他的母亲也过世了，家境陷入艰难的境地。对于一个刚毕业不久的学生来说，这样的处境让他更加急切地想找到一条通往成功的捷径。

"为什么不善加利用一技之长？"哈维·麦凯的父亲为他指点了前行的方向。"明天你去明尼亚波里斯找乡村俱乐部委员会，他们在明尼亚波里斯高尔夫联盟里的成绩一向是排在后面的。你要告诉他们你曾经在明尼苏达州大学高尔夫球队里的表现。你不但赢得过两次市冠军，而且还是州立高中竞赛的亚军。他们现在非常需要新鲜血液的加入，需要人才。但是他们那里的入会费高得惊人，我们这样的家庭是无法负担得起的，你必须要想办法说服他们让你免费加入。"

"若是你幸运地得以入会，那么你就可以从那里得到无限大的商业潜力了。我想目前他们大概有300名会员，而这其中大部分的人都会因为你对俱乐部的卓越贡献而愿意与你交往。说不定你那位大方并且有远见的老板，在见到你的一些成绩之后，也会十分愿意为你缴付以后的年费。"

听完父亲的话，哈维·麦凯简直是雀跃不已，他巴不得明天早点到来。

第二天，哈维·麦凯便只身来到了俱乐部，他向俱乐部主席说明了他曾经获得的荣誉，并且明确表示自己无法负担那笔天文数字的入会费，所以他请求俱乐部允许让他免费加入，并且希望他的加入能为俱乐部的发展带来更好的契机。

"免费？你希望我们能够接受你，一个年仅22岁的小伙子？在整个俱乐部里，没有人是认识你的，凭什么要求对你免费？我如果免费让你进来，你一定会骚扰我们俱乐部里的会员，向他们推销你的信封，这会破坏我们的规矩，扰乱俱乐部的秩序。对不起，我不能这样做"。

"不不不，我的本意并不是这样。我的意思是说我可以帮助俱乐部赢得市联盟冠军赛，让俱乐部的口碑和身价迅速提升，这样也会使俱乐部得到一些意想不到的收入，难道不是吗？"哈维·麦凯诚恳地说。

"那好吧，只要你帮我们赢得市联盟冠军赛，我们就同意让你免费参加俱乐部。"

最后哈维·麦凯不负众望赢得了那场冠军赛，同时也实现了免费加入俱乐部的愿望。

300个会员，就意味着哈维·麦凯有了300个潜在的客户，而事实也证明，这些客户有很大一部分都在哈维·麦凯以后的事业中起到了关键的作用。

从哈维·麦凯的经历中，难道你还看不出人脉到底在人生中占据着多大分量吗？

天底下没有陌生人，只有未结识的朋友。也许刚刚与你擦肩而过的陌生人，在下一秒钟就会成为你的朋友。所以，不要隐藏你的热情，更不要对人脉产生介怀心里，一定要主动去和别人打

交道，多多和朋友们去交流，这样，才能让人脉资源最大化地发展起来，最大化地壮大起来。

现任上海一家咨询公司董事长的吴棣华，在谈到自己的成功之路时就说，他有今天这样的成就离不开朋友的帮助。

吴棣华，个人资产超过8位数，他的成功也不是偶然的。在别人向他请教成功秘诀时，他深有感触地说道："我的事业之所以如此顺利，那是因为有朋友们的帮助！包括开公司、推荐客户和介绍业务等，各种朋友都会照顾我，有什么生意都会马上想到我。"

1999年到2000年，上海出现房市热，那时很多的楼盘都被一抢而空，即便排了很久的队，买房的人还是会出现失望而归的情况。在这种大环境下，吴棣华接受了朋友的推荐，看准时机涉足房地产行业，他不仅通过朋友买到多处房产，还拿到折扣的价位。2004年，随着政府的宏观调控，房地产行业出现各种限制政策。这时，吴棣华的朋友建议他将手上的房产及时变现，他也因此收益颇丰。

那么，这些朋友为什么总是会想起吴棣华，愿意帮助他呢？其实，这与吴棣华善于经营人脉有着必然的联系。他直言平时自己会利用一切方式去结交不同领域中的朋友，这些年积累下来的朋友多达两三千人，而且每年都会见三四次的就有一千五百人之多，在这其中，有三四百人是属于经常联系的。

"一个篱笆三个桩，一个好汉三个帮。""朋友多了路好走"……为了了解人际关系对一个人成功所扮演的角色，哈佛大学曾经针对贝尔实验室的一批顶尖研究员做过一项调查，结果是这样的——"在事业有成的人士中，26%靠的是专业能力，5%靠家庭背景，而人际关系则占69%。"

明白了这些，你就赶快开始吧。不管你处在职业或个人生活的哪个阶段，如果你想获得更多的机会，平时不要与朋友失去联络，周末请别老蹲在家中，要多出门去参加一些社交活动，多结交一些其他领域中的朋友，不要等到有了麻烦时才想到别人。"用时是朋友"必会影响人际关系的健康。

建立人脉是宜早不宜迟的事，最好应该和一个人的事业同时起步。记住，学历、金钱、背景、机会……也许这一切你现在还没有，但是不要紧，只要你拥有掌握这些资源的朋友就行了，一切慢慢都会有的。

有人帮，才能迅速飞起

有首歌是这么唱的："三分天注定，七分靠打拼……"

确实，不管做任何事情，都是"谋事在人成事在天"的，我们唯一能掌控的，就是那"七分的打拼"。但即便是我们能够掌控的这七分努力，也不是只要付出就能有相应回报的。有人可能付出十二万分努力，却只能收到七八成回报；而有人似乎只付出

了七八成努力，却收到十二万分回报。

这一差别的关键就在于，很多人忽略了"七分的打拼"中一个重要环节：贵人相助。

俗话说："店中有人吃好饭，朝里有人是好做官。"贵人是成大事者不可或缺的帮手，不是吗？即使你拥有很扎实的专业知识，而且是个彬彬有礼的君子，还具有雄辩的口才，却不一定能够成功地促成一次商谈。但如果有一位关键人物协助你，为你开开金口，相信你的出击一定会百发百中！

　　山西代理商联合会会长、酒仙网董事长郝鸿峰在讲述他如何走向成功的生命历程时，就提到了他生命中至关重要的四位贵人。

　　郝鸿峰大学学的是工商管理，当他怀抱着远大的理想前往太原后才发现，现实远远比他所想的更加残酷。没有关系没有背景，想要找到一份像样的工作几乎不可能，无奈之下，这个大学生只能干起了酒店保安和客房服务员这样的工作。半年之后，为了自己的前程，郝鸿峰决定要创业。

　　早在大学时期，郝鸿峰其实就已经有过一次创业经历，那时候他突发奇想，打算做旧书回收生意，也就是从废品收购站低价买回别人卖出的旧书，然后再把这些书一本本卖出去。想要创业必须得有创业资金啊，郝鸿峰这个穷小子可拿不出钱来。就是在这个时候，郝鸿峰的第一个贵人出现了，他就是郝鸿峰上铺的兄弟，富二代徐磊。

　　徐磊苦口婆心地从父母那里要来了两百万的投资，兴致勃勃地要和郝鸿峰大干一场。但最终，这一事业还是以失败告终了，两百万只历时半年就赔了个精光。虽然这一创业经历最终以惨败结束，但好兄弟徐磊对郝鸿峰的信任和支持，成了郝鸿峰在此后遭遇人生困境时的激励与温暖。

郝鸿峰的第二次创业是发小报、贴传单。他找到了太原一个保健品代理公司，并与公司老板达成协议，帮该公司发小报做宣传，该老板承诺，每发出一份小报，就给他三分钱。郝鸿峰雇了十几个流浪汉，开始了他的发报生意。但没想到的是，在郝鸿峰不辞辛苦地发出一百多万份小报之后，原本应该结算的三万元款项却缩水成了大约七千多块。郝鸿峰数次找老板索要欠款，却被一次次拒之门外，甚至还被老板恐吓威胁。

第二次的创业以这样辛酸的方式同样走向了失败。

在走投无路之际，郝鸿峰遇到了第二个贵人，一个姓翟的老板。

郝鸿峰是个非常讲义气的人，在哪儿都能与人结交。李忠鹏是郝鸿峰在发传单过程中结识的朋友，当他知道郝鸿峰走投无路之际，便给他引荐了太原一个食品厂的老板，这个老板就是郝鸿峰列为生命中第二个贵人的翟老板。

翟老板的食品加工厂实际上就是一个简陋的小楼，雇了七八个妇女包饺子，说白了，生产的就是"三无产品"。当时，这生意做得十分惨淡，翟老板大约也是无人可用，当即就"大方"地承诺，让郝鸿峰和李忠鹏分别出任食品厂"老总"和"副总"的职位，没有底工资，赚的是他们从厂里拿

饺子，然后卖出去之间的差价。

在推销饺子的过程中，郝鸿峰很快发现商机，开辟了饭店这一新客路，并迅速占领市场，仅仅用了七个月的时间，就让这个"三无饺子"有了自己的名字"乐田园"。在郝鸿峰的带领下，乐田园很快成了太原销售量最高的饺子，甚至超过了思念、三全等大品牌。

就在乐田园取得巨大成功的时候，翟老板却开始"夺权"了。乐田园可以说是郝鸿峰一手做起来的，手下的人也几乎都只认郝鸿峰，而不知道翟老板，这让翟老板感到非常不高兴，这个贵人终究成了又一次让郝鸿峰"下岗"的人。

但此时，郝鸿峰已经不再是当年那个一文不名的穷小子了。离开乐田园的他很快遇到了生命中的第三个贵人程凤仪，山西洪洞酒类商贸公司副总。

在程凤仪的引荐下，郝鸿峰开始踏入酒类代理行业，并成功发展成为山西最大的酒类代理商之一，同时顺利当选了山西代理商联合会的会长。这在许多人眼中已经是莫大的成功了，但郝鸿峰心中却有了更大更远的追求：他要做中国第一的酒类流通企业！那时候，中国第一是金六福，一年30个亿。

为了实现这一看似遥不可及的梦想，郝鸿峰决定用知识充实自己——前往清华大学上EMBA课。在这里，他接触到了电子商务。那时候，上电子商务课程的老师叫朱岩，他被郝鸿峰视为生命中的第四个贵人，因为正是朱岩，帮助郝鸿峰打开了电子商务的大门，酒仙网也终于应运而生。

给予无限信任和支持的兄弟，走投无路之际打开机遇之门的上司，因欣赏而大力提携自己的恩人，为自己打开新视野的良师……正是这四个贵人成就了郝鸿峰的成功。

贵人的一句话，会让我们茅塞顿开；一个提携，会让我们从激烈的竞争中脱颖而出；一个帮助，会让我们事半功倍……

人们常说，成功者的道路各有各的不同，不过如果少了人脉的帮助，贵人的加持，很多的人成功之路或许就会坎坷许多。

很多时候，我们感到力不从心，付出的努力始终无法获得相应回报，甚至白白地走了不少弯路，往往就是因为少了贵人的助力与资源。而那些聪明人则会巧妙地利用贵人的提携与帮助，进行自我提升与发展，缩短自己的奋斗时间，为人生带来希望和转机，从而实现自己的远大抱负。

从那些成功人士的成功道路上，我们常常会看到一些特别幸运的"巧合"。就连成功者们自己在解释成功的原因时，也常常谦逊地把自己的成功归功于"偶然"。比如"幸运"地获得了被提拔的机会、"巧合"地遇到了赏识自己的贵人、"意外"地碰上了对自己产生关键影响的客户……

其实，如果我们仔细观察，这些所谓的"偶然""幸运""巧合"……都是他们平时主动结识贵人的结果。

贵人之所以"贵"，主要是因为这是一种稀缺资源。他不会无缘无故地跑到你面前，更不会像童话中的天使一样，在你需要的时候就出现。他需要你努力去寻找，练就一双善于发现的慧眼。贵人不见得是了不起的成功人士，也不一定是权贵群体，主

要是那些能够对你有所启发和助力的人。

美化自己，吸引人脉关系

常遇到一些初涉社会的新人跟我抱怨，为什么自己主动热情地自我介绍，对方总是表情冷淡或者不耐烦？为什么自己的学问高，知识广博，产品又好，却输给了一位除了衣着光鲜之外，一无是处的对手呢？……别抱怨了，你有没有想过这一切一切的"凶手"，很多时候都是因为你的外在形象不过关。

"穿衣打扮有什么用，好好读书就够了"；

"外表根本不重要，重要的是有内在"；

"腹有诗书气自华，人一有知识就好看了，别弄那些有的没的"；

……

在我们的成长历程中，类似这种观点的劝诫真是数不胜数，甚至在某一段时间里，我们真的相信，只要学习好，读书多，能力强，人生就会走上康庄大道！但现实是，不管是在学校，还是步入社会，那些形象差的人通常来说确实没有形象好的人受欢迎，我们更倾向与形象好的人交往。

日本一个综艺节目做过一个街头实验：让同一个女孩以不同的形象在街上向陌生男人寻求帮助，称自己丢失钱包手机，需要借钱坐车回家。

第一天，女孩的装扮非常土气，头发乱糟糟，脸上还故意画上了雀斑和青春痘等等。女孩可怜兮兮地向路过的男子求助，但大部分男子都以"不好意思，没带钱包"等理由拒绝了女孩。一整天下来，女孩几乎没有什么收获。

第二天，在化妆师的帮助下，女孩做了新发型，化了精致的妆容，摇身一变成了靓丽的美女。依然在同一条街上，女孩开始向路过的男人求助。令人意外的是，很多人都愿意借钱给女孩，有的人甚至还主动把自己的名片给了女孩，并表示如果有麻烦愿意帮助她。一整天下来，女孩一共借到了15800日元。

节目的最后，旁白打趣地说道："日本男人都很热心肠——但只对美女。"

同样一个人，两种截然相反的形象，得到了完全不同的对待。其实不只是男人，所有人类都是视觉动物。明知道一个人的良好形象并不总是真实反映其内在的品质，但我们依然会不自觉地把很多好品质与之联系。正如即便知道书的内容一样，我们还是会根据自己的喜好选择不一样的封面。

很多形象顾问都曾经说过"你的形象价值百万"的话题，我不太确定你的形象是否真能换来真金白银的百万现金，但却可以证实一点，个人印象往往是最直观、最快速在对方面前展现出来的印象，在整个人际交往过程中起着十分关键的作用，一个人对自己的仪表投资绝对是值得的。

　　你是否听说过"7秒定律"？所谓"7秒定律"就是在两个陌生人之间，个人印象的形成是非常短暂的，往往取决于见面的前7秒。双方即由这个印象决定对彼此的感觉、感受，进而判定对方是否专业、是否合格、是否值得喜欢，是否愿意和对方继续交往下去，而且这一印象是很难被改变的。

　　一眨眼的工夫，就把一个人盖棺定论了。你会认为这不公平，你想别人应该认识真实的你。这也许不公平，但却是不可改变的事实。正如一句俗语"先入为主"，第一印象的建立如同在一张白纸上用墨水笔写字，写下了就难以再抹去。更何况，在生活节奏紧张的现代社会，每个人都为诸事所缠，有谁会愿意花更多时间去深入了解、倾听一个留给他不美好第一印象的人呢。

　　虽然我们常说"日久见人心"，但在有日久相处的机会之前，通常吸引你接近这个人的，就是对方所表现出来的最直观的东西：外貌、举止行为等。

　　人这一生会遇到很多的人，你不可能每一个都花时间去了解，去接触。在有限的时间里，当你决定用心去了解一个人，花时间和他相处之前，总是需要做一些甄别的，而甄别的依据自然只可能是最浅显，能直接用眼睛看到的东西，比如穿着打扮，言谈举止等等。试想，一个成天不洗头，看上去脏兮兮的男孩，和一个干干净净，举止文雅的男孩相比，你会更愿意去和哪一个相处？

　　正因为认识到了形象的重要性，聪明人会注重包装自己。要注意的是，我所说的包装，不仅仅指的是你的穿着打扮，更重要的，是你的言谈举止，你所表现出的气度等等。即便一身都是名牌，也不意味着你就能得到别人的承认。即便走在时尚尖端，也不代表你就会获得别人的认可和喜欢。

接下来，我们不妨看看化妆品业的"大姐大"艾斯蒂·劳达的亲身经历，她是最成功地通过改变自己形象成为一代"女王"的范例。

艾斯蒂·劳达出身贫寒，没有受过太多教育。起初，她不过是帮助叔叔推销他所制作的护肤膏。那时候，艾斯蒂每天走街串巷，希望多卖出一些产品，但效果不是很理想。她想，是不是因为自己卖的东西档次不够？于是，她将产品定位于高档次上，可结果还是一样。当她第N次遭到客户的拒绝后，她终于忍不住问对方："您为什么拒绝购买我的产品呢？是我的推销技巧有问题吗？"客户的回答让艾斯蒂铭记一生"你的销售技巧很打动人心，而且你的态度非常殷勤，但是你的形象不好。你的形象告诉我，你根本就是一个低档次的人，这让我如何相信你的产品是高档次的？"

知道了自己的失败原因后，艾斯蒂并不难过，她决定重新改造和包装自己，她模仿名门贵妇，无论是穿着打扮还是举止投足，都与她们不相上下。此外，她还注重培养自己的自信，让整个人看上去魅力四射。果然，艾斯蒂的产品销量越来越好，此后好得一发不可收拾，最终她建立了自己的化妆品王国。

经过包装，艾斯蒂从一个"低档次"的人摇身一变成了贵妇的代言。

物以类聚，人以群分，你的包装是什么样，决定了你将会被放到一个什么位置的货架上。当你试图挤入成功的圈子，当你努力创建人脉关系时，请首先好好地包装一下自己，通过合宜的外在形象，突显自己的优点。当你看上去自信又美好，必然会让别人一眼就备受吸引，想进一步地了解你。

相信，这会让你节省不少后续的精力。

价值互换，是建立人际关系的第一法则

曾经有一位心理学专家做过这样一则实验：他在网络上联系了十几个朋友，这些人彼此互不相识，只是通过专家的介绍大致了解彼此。专家让他们随机给他人邮寄新年明信片，当然仅限于这十几个人之内。结果很神奇：每一个收到明信片的人，都会按照上面的地址给对方回寄一张明信片。

这个小小的实验揭示了"互惠定律"，这个定律的意思很明了，在得到别人的某些恩惠和利益后，我们会感到有回报他人的义务。

互惠定律听上去有些功利，受传统观念的影响，我们在交往中更愿意谈感情，而忌讳谈功利。然而，人际交往都是为了满足双方各自的需求，或者更准确地说，是双方价值的互换，这是建立人际关系的第一法则。

　　《教父》是一部经典的黑帮题材电影，在影片的一开始，西装革履的殡仪馆老板站在黑帮家族首领、教父维托·唐·柯里昂面前，讲述着自己的遭遇。他的女儿被新交的男朋友和另一个男人灌酒施暴，当他报警把那两个混蛋起诉到法庭之后，法庭判了他们有期徒刑三年，但却是缓刑！面对不公正的对待，殡仪馆老板感到痛心疾首，于是他向柯里昂寻求帮助，希望他能主持公道。殡仪馆老板大方地表示，无论柯里昂开价多少他都愿意出，只要让那两个人得到应有的惩罚。

　　故事发展到这里，倒是颇有些像一个有钱人打算付钱给黑帮，让黑帮来帮忙复仇的戏码。但令人意外的是，柯里昂却拒绝了殡仪馆老板的要求。

　　那么，柯里昂是真的拒绝为殡仪馆老板主持公道吗？当然不是，他紧接着提出了自己的"条件"，"我们相识多年，这是你第一次来找我帮忙。我谅解，你发了财，生意做得很好，生活也过得很好。有法律保护你，你并不需要我这种朋友。但是，你现在来找我说，'柯里昂阁下，请求你帮我主持公道。'但你对我却一点尊重都没有，你并不把我当朋友，你甚至不愿意喊我教父。"

　　最后，殡仪馆老板向柯里昂表达了友谊和尊重，他亲吻了柯里昂的手，并恭敬地称呼他为"教父"，柯里昂当即答应了对方的请求。事实上，柯里昂虽然是黑手党，常常干违法的勾当，但他同时也是许多弱小平民的守护神，对于柯里

昂来说，从那些弱小者身上，他想要得到的不是金钱，而是尊重与爱戴。而这，实际上也是柯里昂家族发展的根基，这些弱小的平民是他们坚定的支持者。

殡仪馆老板想要柯里昂的帮忙，就必须先付出柯里昂想要东西：友谊与尊重。而柯里昂想要得到众人的支持与爱戴，同样也必须付出，为这些人捍卫"正义"和"公理"。

与人交往就是如此，当你企图从别人手中获得某些利益时，你同样也要给予别人相同价值的利益。人与人之间想要长久交往下去，就必须讲究这样一种公平交换。然而，现实生活中很多人却想不明白这点，总是张嘴和别人索取，总是抱怨别人的不好，却从不曾想过自己曾为别人做过什么。

在建立和维护人脉关系时我们都应牢记，以公平的价值交换为第一准则。你送我东西，我肯定要还你。因为对方有"惠"，所以必须还之以"惠"。收了他人的人情，要还的就是这份"人情债"，为的就是使双方付出均等。付出与回馈不断循环，在这样的良性互动之中，双方关系才能越来越好。

那些聪明人都懂得利用"互惠定律"，他们往往会主动施惠于人。若要本人受惠，先要施惠于人。很多时候，即使是一个陌生人，或者一个冷漠的人，只要你先施予对方一点小小的恩惠，然后再提出自己的要求，也会大大提高对方答应这个要求的概率，还可能是一个大出很多倍的好处回赠。

老家的镇上有一位刘先生，他是一家企业的老总。即将退休之际，他依然不放心将产业交到儿子手上，担心毁了自己苦心经营一辈子的事业，所以一直忧心忡忡。

这天刘先生外出出差，途中生了一场大病，病倒在一家旅馆中。中途，他给儿子打电话，告诉儿子自己病倒了，但他只说了自己所住的旅馆，没有说是哪个房间。同时，他还嘱咐旅馆经理，不要告诉外人自己住在哪个房间。

旅馆经理不明白刘先生为什么这样做，但还是答应了他的请求，当即把所有员工召集在一起，让大家遵守刘先生的嘱托。

听闻父亲生病了，儿子立刻赶到这家旅馆，但他不知道父亲住哪一个房间，旅馆的工作人员也不告之。一个房间一个房间地问，显然明智。这时，他看到一个服务员，于是买下一瓶红酒，然后让这个服务员把这瓶红酒送到刘先生的房间。然后，他便尾随着这个服务员，走进一个房间。

看到服务员送来一瓶红酒，刘先生说："我没买红酒！"

服务员回答说："不，我身后的这个人买的，他要我送到这里来。"

你想要得到些什么，就应该付出些什么。刘先生的儿子很聪明，买下一瓶红酒，得到了父亲的房间号。这是一种价值互换，也是一种互惠互利。而这，正是刘先生教给儿子的重要道理。

从根本上说，人与人之间或多或少存在着一种利益关系。无利而不往，这是人的一种本能。利益是来往的需求，也是要求。

一旦两个人有了利益需求，会本能地靠拢在一起。所以，在我看来，人与人之间最可靠的关系是价值互换。熟练掌握"互惠定律"，懂得利用这种心理，你就能在人脉场上所向披靡。

亲朋好友，也许正是财富枢纽

每个人都有交际，都有认识的人，如领导、同事、邻居等。但对很多人来说，这些人际关系往往并不牢靠，因为这些人脉大多是靠利益来维持的，利益维持的人脉关系通常都比较理性，当你存在价值时自然而然就拥有人脉。而当你在别人眼中毫无利用价值时，人家随时可以离你而去。

而亲戚朋友则不同，这类人脉往往要感性得多。

我们每个人都有自己的亲戚圈，这是一种血缘关系上的联系。而朋友往往是志同道合的结合，即彼此之间志向、志趣相同，理想、信念契合。由于这种血缘和情感上的联系，亲戚朋友之间的感情往往很少掺和杂质，是依靠感情来维系的人脉关系。很多时候，尤其当你的人生陷入低谷，遭遇瓶颈时，当你身上甚至可能再也无法让人看到希望时，他们是还能够给予你支持与帮助的人。

每年一到春节期间，就能看到不少人在网络上发帖子，吐槽各种极品的"亲戚"。我记得某论坛上有个帖子是个男孩发的，他义愤填膺地描述了一帮"穷亲戚"的种种劣行：

　　这帮亲戚说远不远，说近不近，是男孩爸爸的舅舅。男孩的爸爸因为上大学留在城市，好多亲戚都在乡下，平时因为离得远，彼此走动得比较少，但是每逢过年这个老舅就会拖家带口从乡下进城，一大家子一住就是十天半月，白吃白喝白玩不说，临走爸妈还给大包小包地装好多东西带走。而且，每年爸妈都给他们家的小孩压岁钱，最少的时候也是一人一百，但他们从没给过自己压岁钱……

　　此帖一出，引发了广泛的讨论。不过只过了一天，发帖子的男孩又更新了一段后续。

　　为什么要招惹这些讨厌的"穷亲戚"？发完帖子之后，郁闷的男孩忍不住和爸妈发了火，甚至扬言如果明年这些人还来家里，他就在学校寄宿。但男孩没想到的是，当他大声咒骂那些只会"占便宜"的穷亲戚时，从来没对他动过手，甚至从来没舍得大声骂过他的爸爸却扬手给了他一巴掌。

　　接下来，男孩第一次听爸爸说了关于这些"穷亲戚"的事情。当年爸爸年幼时生过一场重病，家里却凑不出来医药费，那时候就是舅舅砸锅卖铁卖田卖地，后来卖血，愣是凑出一大笔钱来，把他从鬼门关给拉回来的。也就是因为要凑这笔钱，舅舅的儿子，也就是爸爸的表哥没能继续上学。虽然表哥后来总说自己不是读书的料儿，就算读下去也不会有什么大出息。但男孩爸爸却从来不曾忘记，小时候曾看到表哥拿着破旧的课本抹眼泪的情形，因为没文化，他现在仍在务农。

"如果没有他们，我或许根本活不到现在，更不会有你。"爸爸眼里噙着泪水，说道，"这辈子我都会记着这个恩情。"

很多时候，亲朋好友是因为感情而与你牵绊在一起的人，这种人脉更稳固，是人生中一笔最可贵的财富。比如，那个发帖的男孩家的"穷亲戚"，虽然他们表现得爱贪"小便宜"，似乎对他们家也不会有什么帮助或贡献，但曾经危难时的倾囊相助，舍己为人，是绝对值得铭记的恩情。

不要忽视身边的亲戚朋友，他们可能是你在迷茫无助时伸出援助之手的良师益友，也可能是把你推向成功的最佳助力。只要你平时好好经营这类关系，尽力与他们保持亲密关系，就能把他们变成财富道路上的重要"枢纽"。

大家应该都知道快递界的"四通一达"，这是申通快递、圆通速递、中通快递、百世汇通、韵达快递五家民营快递公司的合称。在很多人眼里，这些快递公司是竞争关系，彼此关系应该都不好。但你知道吗？这五家公司的创始人均来自同一个地方——浙江省杭州市桐庐县钟山乡几个相邻的村庄，而且彼此之间有着紧密联系，不是夫妻关系，就是兄弟姐妹关系，或者朋友关系。

1993年，詹际盛和聂腾飞创办申通快递，一年后詹际盛安排妻子陈小英哥哥陈德军接替自己的业务。詹际盛离开申通，创办天天。五年后，聂腾飞的弟弟聂腾云离开申通，成立韵达快递。申通由陈小英兄妹接手。2012年申通收购天天快递，由陈小英的第二任丈夫惜春阳担任董事长。2002年，陈德军的朋友张小娟和丈夫创办圆通快递。两年后，他们的朋友赖海松又成立中通快递……

为什么会出现这种情况呢？最开始，其实只有一个人发现了这个行业，取得一定成就并且赚到钱，随后身边的亲朋好友便都跟着做开，也赚到了一些钱并且越做越大。如今，桐庐县几十万人都在干快递。"四通一达"总从业人员二十多万，年销售额近300亿元，占据国内快递市场的半壁江山。

"四通一达"之所以发展迅猛，除了跟对了市场形势外，也和这些领导之间的亲密关系有关，由于彼此关系深厚，他们的合作更加紧密，整个团队就产生了更强大的力量。

和亲戚朋友打交道，最重要的是人品。如果你在平时生活中表现出一个讲诚信、有道德的人，那么亲戚朋友一定会相信你的人品，相信你的为人，投资你的概率也就更大一成。

我有两个堂兄弟都在创业，都想拉拢人脉和财力很强的一个大伯做生意，年长的堂哥为人诚信可靠，年轻的堂弟为人张扬，大伯毫无悬念地选择和堂哥合作。

可见，在拉拢亲戚朋友人脉时，人品比什么都管用。

第五章
把握住市场脉搏，
财富自然越滚越多

赚大钱靠的是跟随主要趋势，而市场就是做最好的势，最确定的势，最有把握的机会。抓住市场的脉搏，找对路子，看准行业，这就是聪明人赚大钱的秘密。

资产抓着不放，跑不过通货膨胀

　　我曾玩过一个名叫《大富翁》的小游戏，在这个游戏里有一个道具叫作"均富卡"。当你的对手都比你有钱的时候，用这个道具是件极其爽快的事情，因为这个道具的功能，就是将所有参与游戏的玩家手中的现金都集中起来，然后再平均分给每一位玩家，这样一来，大家就共同富裕了。

　　但玩过这个游戏的人都会发现，这张"神卡"并不能真的帮助你取得最终的胜利，虽然一开始你分到了别人手中的现金，你拥有了和他们一样多的金钱，但那些土地、房产、加油站等能够赚钱的东西，依旧还是属于别人。几轮过后，贫富差距依然会显露出来。

　　为什么会这样？就在于不同人的理财观念不一样。

　　什么是富有？在大多数人看来，我们说一个人富不富有，衡量的标准就是储蓄有多少钱，有多少资产。但在聪明人看来，所谓"富有"不仅仅只是一个简单的"钱多"概念，他们虽然爱钱，但并不会将储蓄看得很重。对于他们来说，钱是一种工具，是一种赚钱的资本，只有动起来才有价值。

　　最近听一位朋友抱怨，说同学聚会时见到了大学时候的室友。这位室友是个花钱"大手大脚"的人，把赚来的工资基本上

都投资到了学习上，比如报读语言班，购买学习资料，寻找合适的进修途径等等。但就是这么一个完全不懂节俭的人，几年后相见，却光鲜亮丽，有着体面的工作，存款也并不少……

而这位朋友呢？这些年勤劳节俭，辛辛苦苦算计着生活中的一分一毫，从来不敢乱花钱，兢兢业业地工作存钱。可到头来，反而过得还不如那些看似花钱如流水，根本不懂节俭的人。

为什么会这样？你是否有过这样的抱怨与困惑。如果有，那么一切很可能是你错将"赚钱"与"花钱"看成了对立关系。在你的思维模式里，想要积累财富，有更多的钱，就要不停地攒钱，杜绝一切所谓"不必要"的花钱行为。但事实上，一味地节省能够为你带来的财富始终是有限的。

想要积累财富，不仅要"节流"，更重要的是"开源"。所谓"节流"，指的就是尽可能地将不必要的花费省去。而所谓"开源"，指的则是想方设法地寻找赚钱的机会与渠道，或不断提升自己赚钱的能力。只有不断开拓新的赚钱渠道与方法，不断提升自己的赚钱能力，才可能实现脱贫致富。

"开源"的方式有很多种，最简单的就是让资金动起来——投资，利用现有的金钱去创造更多的收益，你的资金才会越来越值钱。

有句俗话说"人两脚，钱四脚。"意思就是说钱追钱，比人追钱快多了。钱生钱就好像滚雪球一样，越来越大，这是聪明人的做法。哪怕你只是一个普通的工薪族，只要你懂得让钱为自己工作，不需要花费太大的力气，你也可以轻松实现以钱生钱，越滚越有钱，向着财富之路大步迈进。

　　几年前，我曾在媒体上看过一篇有关普通农家子弟康强的创业事迹报道。

　　康强是云南偏僻山区的一个男孩。由于家境贫困，高中还没毕业他就离开学校，和几个老乡一起到广州闯荡。在广州，康强做过搬运工，也做过饭馆服务员，还张贴过小广告。他虽然年纪不大，但是能吃苦耐劳，不到一年的时间就有了一万多元的积蓄，这对于当时的康强来说是一笔"巨款"。

　　其他几个老乡，有人选择把钱储存起来，有人一发工资就把钱邮寄回老家，但康强想自己做一番事业，于是他拿出自己所有的积蓄，在汽车站附近租了一个擦鞋小店。在广州擦鞋的小摊并不少见，但康强的小店不仅高档便宜，而且还给客人提供沙发、快餐服务、叫车服务等。就这样，他将"擦鞋"变成了一项规范性的生意，一年时间就赚到十来万，让当初的积蓄翻了几倍。

　　再后来，康强见广州的房地产行业发展得不错，就用手头的资金创办了一家建筑公司。许多人都觉得不可理解，因为康强的收入已经让整个家庭步入小康，也完全可以靠着那个擦鞋小店养家糊口，但康强却希望手头的钱能变更多。康强敢闯敢拼，又吃苦耐劳，公司发展得很好，只用了短短的四年时间，就成长为一个产业多元化的大型集团连锁企业，康强也自此缔造了自己的创业传奇。

　　而那些老乡呢？储蓄的现金虽然也一直在涨，但随着

这些年的通货膨胀，当初风光的"万元户"早不具当年的风采。

紧抓不放的那叫财产，财产不会自我增值，总有花光的一天，而且永远跑不过通货膨胀；只有敢收敢放的，那才叫资本，资本有着无限增值的可能。康强的成功就在于，把手中的钱看作是资本，而不是财产。需要的时候，可以毫不犹豫地放出去，进而抓住一次次商机，开创属于自己的事业。

在这个社会上，哪些人最喜欢储蓄？经济状况不好的人，越这样的人越是痴迷于储蓄。

对很多人而言，未来是缺乏保障的，他们总是寄希望通过增加储蓄来给自己的未来一份保障。此外，普遍追求稳定的心态也让很多人都热衷于储蓄，对于他们来说，储蓄是风险最低的行为，他们看着存折上缓慢增长的数字就能心满意足。但事实上，当钱不能发挥它应有的价值时，随着时间的流逝它只会一次又一次贬值，一味"节流"的人也会随着钱财的贬值而变得日益贫穷。

如果你不想这样，那么就要及早利用手里的钱去创造持续价值吧。

抓得住市场，资产就会上涨

任何产品的最终归宿都是市场，所以市场是企业发展的最终导向。

对市场一无所知是蛮干，巧干可快速成功，盲干可凭机会，蛮干是一点机会也没有。比如，有的人整日为了销量忙忙碌碌、为了市场四处奔波、为了业绩疲于奔命，却不思考目前做的是否是对销量增长无益的事情，开发的是否是早已被公司舍弃的市场，结果再努力，再勤勉也枉费。

而那些聪明的人则善于分析市场，只有摸清市场的需求，才能投其所好，才能把握住市场的脉搏，才能不断发展。

温州是国内眼镜行业的发源地之一，高中毕业后叶子建外出打工，那时温州就业形势异常严峻，毕业就是失业，叶子建唯一的就业机会便是进入私人企业打工。此时见眼镜业快速发展，大量需要工人。叶子建于是成为眼镜生产企业的一名员工，他很快发现眼镜市场非常广阔，产品根本不愁销路，每天都有大批的眼镜商集中在工厂门口排队进货，而工厂的生产规模根本不能满足。

如果自己也办一家眼镜厂怎么样？叶子建的这一想法经家人同意，之后和亲朋好友筹资创办了"东海眼镜厂"。以叶子建当时的经济实力，尚不足以建立一家完整的眼镜厂，他所建的只是一家规模很小，机械设备落后的生产镜片的工厂。好在，当时全国各地的商家纷纷来到温州进货，叶子建和温州几家大的眼镜生产厂联系，与其中一家达成了供货协议，最初确实从中赚了钱。

此后眼镜生产企业竞争越来越激烈，厂家为了追求利润极大化，不断向配件提供商压价。叶子建是替人生产镜片，利润受人控制，在这种情况下，最好的出路就是自己生产整件产品。叶子建很有经济头脑，他和一些镜框生产厂联系，等镜框到了便将车间里早就生产好了的镜片往上一套，整套的眼镜便出厂了。这时，他将这些眼镜投向了市场，因为刚好是市场空缺，销得奇快。

正式开始生产眼镜后，叶子建时常去市场上调查消费者对眼镜的需求。因为有了市场的导向，加上多年的生产镜片经验，叶子建创办的眼镜厂飞速发展，在市场这个大商机里云纵龙飞，开辟出一片新天地。

叶子建的成功主要在于他了解市场的走向，然后用自己的经验去迎合市场，不断地转换思维方式来赢得市场的青睐。

纵观那些百强公司都有一个共同的特征，同时设有营销部和市场部，而且销售与市场二者之间协调得很好，既重视销售，又重视市场。市场部的主要功能就是进行公司的品牌管理，营销战略制定，做这两大块的话都需要对宏观环境进行分析，同时也要把握行业环境，通过专业的市场调查获得准确信息，也要通过销售人员了解一线信息，一步一个台阶、一步一个脚印地发展市场。

市场经济时代，任何商品的营销都离不开市场这个基础。因此，我们一定不能像老黄牛一样埋头拉车，而要在"百忙"之中经常抬头看看市场方向，随时反省和思索最根本的方向性问题，必须知道什么是最好卖的、客户最需要的是什么等，迎合市场才能有新的发展，才能永远保持活力与激情。

市场信息情况是瞬息万变的，为此建议你经常订阅一些与本行业相关的期刊、杂志、报纸等，也可以浏览相关网站、电视栏目等，及时了解行业的最新信息；经常参加行业或其他专业性强的社团活动，如展销会、贸易会等；同其他行业的推销员多交往等。有利于预见市场变化趋向。

黎环就是这样一个人，她善于分析市场的走向，刚开始仅有2万元创业资金的她却做出了很大的成绩。

黎环平时喜欢养花种草，一个偶然的机会，她和一位韩国朋友抱怨家里空气干燥，朋友便推荐了一款水培植物。黎环购买了一些水培植物，自己养了一段时间后，发现效果非常好，不但能够调节湿度，而且非常漂亮，就介绍给了亲戚朋友，大家也非常喜欢。这让黎环看到了机会，于是决定创业。

创业初期，黎环手里只有2万元，所以经营的水培植物品种比较单一。而且刚开始，很多顾客觉得水培植物不如鲜花漂亮。为了做好生意，黎环翻阅了相关书籍，学会了插花

技术，对水培植物进行品种搭配。经过一段时间的经营，水培植物渐渐被消费者接受，而且购买者日渐多了起来。

再后来，黎环通过咨询开办公司的朋友，得知公司一般更喜欢大型植株。于是，她开始扩大范围，把水培植物向大型植株发展。她边想边做，给自己的大型植株配置市场上的水族箱，并且拍下相片，进行宣传。经过一年的发展，黎环的水培植物非常受顾客欢迎，收获到了丰厚的利润。

市场需要什么，那么就做什么。

黎环的成功，源自顺应市场要求，做出符合市场需要的产品。也只有以迎合市场为基本出发点，才能在市场中有自己的一席之地，才能稳中求胜。

越早向市场看齐，你便离失败越远，离成功越近。

哪里有问题，哪里就有市场

赚钱一定要去人多的地方，这样才能获得可靠的利润。这是一般人的思维，聪明人的思维却恰好相反，在他们认为，如果大家都去一个地方做生意，那么这里的市场就会很快饱和，饱和之后的商机是微乎其微的，只有去商机没有被开发的地方，才能施展自己的拳脚，才能赚到更多的钱。

这个道理很简单，领先的区域已经开发得差不多，难以发现新的商机，强龙压不过地头蛇，就算再有能力的企业家，来到这里也很难打开市场。相反，如果是一片新的地方，必然会有很多商机可挖，因为没有人开采过，这里遍地都是黄金，只要你愿意去开发，就有市场，就有利润。

　　郑月球在西藏被称为"光明的使者"，之所以如此，因为是他将电源带到了西藏。1980年，仅仅20岁的郑月球决定做一番事业，但是当时家乡的商机几乎都被挖尽，只有换个地方，换一块未开垦的处女地，才能实现新的发展。斟酌之后，郑月球背着工具，坐了20多天的车，辗转来到拉萨。

　　当郑月球看到拉萨的情况时，才知道远比自己想象的要落后得多，这里海拔高、温度低，环境恶劣，而且到处都是土房，没有电，没有灯，居民们只能用酥油灯和蜡烛来驱除夜晚的黑暗。和自己的家乡相比，这里就像是落后了几十年。但也正因为这里穷，郑月球看到了大展拳脚的机会。

　　初来乍到的郑月球，没有资本，有的只是木匠的手艺，他从走家串户给人做家具开始，后来经营电气门市部卖电器。为了让大家都能用上电，郑月球在2000年成立了西藏华东水电设备成套有限公司，承担起全区 120 余座电站及送变电工程的建设、施工、安装调试及运维，并承诺保修五年。

　　"用电有困难，找华东。"这是西藏华东水电设备成套有限公司的服务口号。西藏的各种条件虽然艰苦，但是郑月球却把这些当成考验，多年来带领公司一步一步发展起来。现在，郑月球创建的西藏华东水电设备成套有限公司被西藏

人拍口称赞，郑月球也在经济落后的拉萨赚到了不少财富。

很多时候，越是封闭的地方，越适合发展。封闭的地方商业环境还不成熟，既存在着种种问题，也存在着巨大的商机。说白了，哪里有问题，哪里就有市场。问题来自未被解决的困难、尚未排除障碍。

很多人经常感觉找不到创业机会，也很难找到一个让顾客有强烈需求的产品或服务。这时候怎么办？一个简单的方法就是好好探寻一下顾客的麻烦和难题，如顾客有什么烦恼事儿、拿不下的难事、不方便的地方……这些来自顾客的反馈，对我们来说都是发掘市场及推销的绝好机会。

索尼创始人井深大喜欢听歌剧，只要一有空暇，他随时随地都想听上一段，但一直提着录音机，实在太不方便了，他便和同公司的盛田昭夫抱怨自己的烦恼。盛田昭夫顿获灵感，一款名为"Walkman"的超小型放音机，也就是我们所熟知的"随身听"豁然面世，其体积轻巧、携带方便，改变了世人欣赏音乐的方式。

面条是日本人的传统食品，日本人以爱惜时间闻名于世，但即使是在上班的时候，为了能吃到一碗热面条，不少人不得不在饭馆前排成一条长龙。安藤百福注意到这一现象，他想："做面条太费时间，为什么不让它更简便呢？那样人们就不用如此浪费时间和精力排队了。"有了这样的想法，安藤百福马上开始试制，后来发明了只需一杯开水就能填饱肚子的方便面，并引发了爆发性畅销。

葡萄酒的储藏很讲究，通常是恒温（温度最好是6℃~18℃）、恒湿（湿度应保持在60%~70%）、无震动，这样苛刻的存放条件一直令欧洲人头疼。海尔针对这个难题，在组合厨具上设计了一款独立式新型酒柜，即"飘威酒柜"，用户可以自行设定温度，并保持恒温，为酒类储存创造了良好条件。飘威酒柜一经推出，深受欧洲人的欢迎，全球酒柜市场呈现出海尔"一枝独秀"的格局。

一个技术人员偶尔听到消费者一句无心的话，说每天打开冰箱门，就会导致冷气大量外泄，要是冰箱可以只开一半就好了。结果，三洋公司就看到了开发"双门冰箱"的大好机会；再比如日本东方钟表公司总裁就是因为在报纸上看到了一个"点子"——为什么不生产表针"左旋"的手表呢？就立即开发了"左旋手表"，结果赢得了世界各地的订单，获得了巨额的利润。

这样一条条致富的门路，都在于对"麻烦""难题"的关注。

想一想，你可以从中得到什么启发？

在市场上发力，要与政策亦步亦趋

你是否听说过这样一种说法——"小聪明靠智，大聪明靠势。"在这里，"势"主要指的就是时代发展的大趋势，而国家

政策通常都是根据趋势而定的。

对于这一点，相信不少人深有感触：改革开放时期国家鼓励下海经商，那个时期开始做生意的人都富了；十年前政府重视房地产行业市场的发展和稳定，那些早早投资房地产的人，无论买在哪个地段都赚了几倍；之后国家发布各项措施鼓励"互联网+"发展，各种网店微店迅速崛起。

这些机会，你都抓住了吗？这些政策刚刚出台的时候，不少人都不以为然，等到忽然醒悟的时候才发现自己错过了那班车。

无论是做生意，还是创业，本来就是要顺势而为的，国家的政策一定程度就是最佳的趋势，跟着趋势走，才能坐上顺风车。所以，聪明人从来不是简单的"在商言商"，而是将国家政策放在首位。因为他们知道，国家政策是市场的导向，国家政策的变化当中往往蕴藏着巨大的商机。

王均瑶就是顺应国家形势，才成功创立了企业，然后不断把企业做大做强的。

二战过后，日本政府提出"一杯牛奶可以强壮一个民族"的口号，并声称牛奶含有丰富的营养，有助于少年儿童的健康成长，不仅可以增加身高，就连寿命也会延长。当时很多中国人普遍缺钙，国家政策也正在重视国民的营养状况，开始提倡食用加碘食盐，而牛奶更是补充钙质的不二选择。

当时国内听到这些政策的人也不少，但大多数人都是左耳进，右耳出，并没有多想，然而王均瑶却从中觅得了商机——如果做好牛奶产业肯定能提高国民的身体素质。于是，1993年，王均瑶斥巨资在全国范围内创建了乳业生产基地，并在全国范围内设置了销售网点，得到了国家的大力支持。

均瑶乳业在王均瑶的带领下不断发展，不断创新，最终做成了大品牌。王均瑶深知，自己取得的成绩和国家的政策息息相关。随后，他更是积极响应国家政策，把事业和国家的发展紧密地联系在一起。比如，2000年王均瑶参加了中国光彩事业，在三峡地区投资建立均瑶乳品厂，推出"移民养牛计划"，为三峡群众解决了后顾之忧；2003年，王均瑶又紧跟国家支持西部大开发政策，给西部省市捐款1000万元，设立了"大学生自愿服务西部计划均瑶基金"。

王均瑶能从一句话中听到商机，主要是因为他关心国家政策，懂得分析当下形势。他把自己的事业和国家的大形势相结合，自然能够取得成功。

当国家实施某一项政策，抑或市场上有些风吹草动时，只有率先采取措施去应对，才能抢先获得市场的青睐，才能从政策中谋到福利，才能比别人先淘到"第一桶金"。

很多时候，即便只是政府机关的一句话，其实也会告诉我们如何跟上形式的发展，也只有那些敏感的人士才能准确地抓住历史性的机遇。

1991年，陈孝祥三兄弟创办夏梦服装厂，三人负责生

产，并且负责技术。在刚开始创建的家族小作坊中，陈孝祥和两个兄弟克勤克俭，不拿工资、不谈报酬，陈孝祥太太全权负责理财，把所赚的利润全都投入到生产，家人分工合作，一起吃饭，一起工作，非常顺利，家庭作坊也越做越大。

后来随着陈孝祥三兄弟结婚生子，工厂的内部格局发生了变化。三兄弟各怀心思，每个人都不使劲，只想为自己谋划利益。为此，陈孝祥找来兄弟一起商谈股份的确定和划分。股份划分后，利益划分清楚了，每个人知道现在都在为自己工作，都在为自己赚钱，以前的矛盾烟消云散了。

然而好景不长，附近的市场已经近乎饱和，工厂的销量和利润都有所下降。怎么办？这天陈孝祥无意在电视中听到，国家鼓励中外合作。他顿时有了灵感，开始联系外国业务，并与一家意大利公司达成合作。这家公司就是杰尼亚公司，世界第一大男装生产商，更为巧合的是这也是一个家族企业。

经过两年的磨合，在2003年，陈孝祥和杰尼亚签署了合作协议框架，成立了夏梦·意杰公司，双方强强联合，最后实现了互利共赢。

在国家政策面前，陈孝祥借势发力，顺势而为，最终大获成功。

这些经历都在告诉我们，仅凭劳动收入虽然也可以发财致富，但却是一个漫长的进程。富裕人士绝大多数是凭借国家创造的政策条件发迹的。把握时代发展的趋势永远是决定成败的关键，国家的政策是人生的重要良机。一旦你把握好了一切都好，反之没有把握住，只能落后于人。

敢于标新立异，谋得一席之地

面对财富，一般人的思路是，"跟着别人有饭吃"，只要别人做的项目赚钱了，那么风险自然也就会小了很多。于是，大家做什么项目，我就跟着做什么项目。殊不知，市场的需求是有限的。如果大家都去做一个生意，当需求饱和的时候，分到你手上的"蛋糕"会非常小，甚至根本吃不到。

而聪明人做生意的思路是"标新立异"，以他们的冒险精神去走不同寻常的道路，把同样的东西做得与众不同……在别人尚未发现的地方，做别人尚未投资的项目，没有对手，没有竞争的生意肯定稳赚不赔，如果能够做到凡事都抢在别人前面，做到与众不同，那么自然能抢占市场先机。

不久之前，某市区里新开了一家龙鱼馆。这家店的店主是一位叫陈思的女士，据说当初她投入了近百万在这家店面。谁能想到，一家经营观赏鱼的店面居然需要百万的投资？恐怕这种疯狂的行为没有几个人会去做。陈思却毫不在乎别人的看法，她的店里都是原产自印尼的龙鱼，这种鱼每

一条少则几千元，多则上万元。有人会问，不过是一种观赏用的鱼，几万块钱？谁会买呢？

事实上，陈思这种大胆的做法绝不是空穴来风。据她了解，这种龙鱼在中国的广东、香港、台湾等地被当作"风水鱼"，是用来旺家镇宅的。在市区，虽然有很多鱼族店，却还没有人做这种生意。第一，当地人对这种鱼的认识还不深，是不是愿意花钱购买还是个未知数？第二，开这样一个鱼店，需要的投资太大，一旦赔了，就可能是血本无归。但正因为没人做，陈思才坚持要做。

事实证明，一些大老板是很在乎这些的，也不惜花几千元买一个平安，求一个心安。如今，这家鱼店给陈思带了丰厚的利润。

陈思如此大手笔的投入，是胆识、标新立异的体现。

这就是聪明人的做法，做生意要做出自己的特色，如果走别人走过的路就没有意思了，那样的话，自己走的路只能是一种重复。卖鱼有多种方式，而且每种方式经营的鱼都不一样，收益自然也就不同。卖任何一种东西都有可能是一种商机，只有把同样的东西做得与众不同，才有得到财富的可能。

所以，千万不要"跟"市场，你要去"创"市场。

比如，现在产品同质化的问题越来越严重，即便你的产品申请了专利，在很短时间内就会出现类似产品。竞争越来越激烈，成本越来越高，利润越来越低，你的产品再好，对客户服务再好，销售能力再强，也赚不到多少钱。于是，不少人都在感慨，

"暴利"时代已经一去不复返。

所以，当市场停滞不前时，与其一味地埋怨，不如在充分认识当前局势的基础上，分析对比、审时度势，以一种创新的思维，做出独创性的思考和决定。也就是说，你要想新招数、出新点子，当走出与别人与众不同的道路，自然就可以创造属于自己的潮流，还会引领整个市场的潮流。

我们可以看看当年的"钻石大王"彼得森是怎样创造和引领潮流的。

彼得森是一家戒指公司的创办人，为了在竞争激烈的市场中站稳脚步，他不得不开动脑筋，寻找新的创意。彼得森明白，想要成功地吸引到顾客，那么就必须着力打造自己的特色，就要让自己的戒指充满创意。经过一些研究和考察，彼得森在订婚戒指图案的表现方法上动了一番脑筋。

彼得森想到，象征着爱情的首饰多数以心形构图，这已经被广大消费者接受，所以，他对此传统依然沿用。然而在构图的表现方法上面，彼得森却独具匠心。他将宝石雕成两颗心互相拥抱状，以此表现出"心心相连"的浪漫。接着，为了表现爱情的纯洁，他又用白金穗铸成两朵花托住宝石。

这个创意，令所有人都很满意。不过，彼得森却还没有满足，他在两个白金穗中，又设计出了一个男婴和一个女婴。男女婴手里，牵着挂在宝石上的银丝线，以此来祝福新郎新娘未来美满幸福的家庭。那条男女婴牵的银丝线更是独具特色，那银丝线上有很多手工镂刻出的皱纹，皱纹的数

目能够随意增减。这个设计，彼得森是为了方便购买者，让他们可以利用皱纹来做记号，比如男女双方的生日、订婚日期、结婚年龄及其他私人秘密。

彼得森的创意设计，令这款戒指非常受欢迎，几乎每对新婚夫妇都会对它赞不绝口。就这样，彼得森公司的生意越来越兴隆，很快从市场上脱颖而出。

不过对于创意，彼得森永远不会感到疲倦。之后，他不断探索戒指生产的新方法、新工艺，后来发明了镶嵌戒指的"内锁法"。

一天一位富商慕名而来，拿出一颗硕大漂亮的蓝宝石，要彼得森镶嵌出一个与众不同的戒指，并且最好能使蓝宝石得到很好的体现，商人想将这枚特殊的戒指送给自己的女友。看着这颗宝石，彼得森的创意来了。他在图案上没什么惊人的举动，只有在那颗蓝宝石上打镶嵌戒指的方法的主意，如用金属将宝石托起来，这样宝石有近一半被遮盖，而商人的要求就是尽量体现出宝石来。

正是这一次的创意，使得内锁法这种钻戒行业中的经典加工方式，被彼得森创造了出来。利用这种方法制造的钻戒，宝石的90%便暴露在外，只是掩盖了底部的一点面积。当富商高价购买了这种戒指，彼得森再次名气远扬了。这项发明很快便获得专利，珠宝商们竞相购买，彼得森赚到了很多技术转让费。

后来，彼得森又发明了一种"联钻镶嵌法"，采用这种方法将两块宝石合二为一做成的首饰，能够使1克拉的钻石看来像2克拉那样大。这种轰动效应，使人们到处抢购这种戒指，而珠宝商们纷纷购置这项专利。就这样，彼得森利用自己聪明的头脑与大胆的设想，最终成为著名的"钻石大王"。

彼得森的成功，实际上就是标新立异的成功。在他看来，追赶别人创造的流行，只能作为一个跟随者和盲从者，很容易被别人甩在后面。只有从创意上下功夫，追求和别人不一样的立意，才能引领潮流，并创造出一条新的财富之路。

经济状况的好与坏，都是有原因的。我们常说，生活中缺少的不是美，是缺少发现美的眼睛。有些人之所以贫穷，是因为习惯了人云亦云，总会为眼前的利益一哄而上；而另一些人则眼观六路耳听八方，善于发现稀缺的东西、市场的空白，另辟蹊径，进而成为某一领域的引领者。

这样的人不是人人都能够做的，它需要你改变陈腐的思维格局，摆脱常规思维的控制，突破已有知识与经验的局限，不盲从习惯，不老生常谈，不人云亦云，在别人还在拘泥于方圆之地的时候，率先冲出弹丸之地，找到一块适合自己生根发芽的土地。这，就叫有市场眼光，有经商胆识。

把自己打造成品牌，客户蜂拥而来

"我只用LV包包，限量版！"

"这个衣服是名牌，我超喜欢。"

……

生活中不少人追求名牌，买东西一定要买名牌，再贵也不多做计较。有时我们还会看到，任何物品只要贴上"名牌"标签，就会受到追捧，甚至没有人去追究它的真伪。

名牌为什么如此吸引人呢？简单地说，任何商品除了能够给予我们一定的使用价值满足之外，更重要的是可以给我们带来一种情感上的满足。具体一点说，每个人都希望自己不比别人差，而所谓的品牌，恰恰能够满足我们借以显示或提高自己的身份、地位而形成的一种心理需要。

比如，同样是一部汽车，不论是宝马还是一般的大众汽车，它的基本功能其实就是用来代步的工具。但当被赋予一定品牌时，汽车对于消费者而言，最重要的价值就不是一种工具了，而是一种象征性的满足。在有些人看来，宝马更多的象征着财产、成功、高贵，更是一个社会地位的体现。

在市场中，不少企业都力争将品牌做大做强，就是为了提升产品的信誉度和名誉度，带给人们的产品背后的那种优越感，进而在狭路相逢的市场中取胜。

　　刚刚大学毕业的周新是一名老师，但他不喜欢这种死板的工作，于是辞职下海，来到表哥的店里上班。那时表哥所经营的安信地板在行内颇有名气，由于周新能力突出，表哥就让他直接到北京做一家直营店的经理。当时的市场负责人告诉周新，经营一家直营店1年赚到10万是没有问题的。

　　周新不安分因素再次迸发出来，直接去找表哥理论："1年才赚10万，太少了。"

　　表哥不以为然地说，"你这个年纪，1年能赚10万还嫌少？你太好高骛远了！"

　　但周新不喜欢这种循序渐进的速度，于是和表哥谈判，最后成为安信地板的一名代理商，但是只能到安信地板未涉及的领域去做，"你靠自己的能力去开发新市场。"表哥说。

　　这样的分配让周新感到满意，毕竟这样可以毫无拘束，按照自己的想法去做事。就这样，周新带着一本全国交通地图，开始天南海北地跑市场了。他顺着京广线一路南下，寻找一个人口比较多的城市作为自己创业的起点。最后，周新看中了武汉，因为在当时，武汉常住人口达到了700多万。

　　2000年国庆节，周新用启动资金买到现货存在店里，那些都是高档的实木地板。然后，在武汉顺道街的安信地板武汉专卖店才正式开张。这就是周新与其他安信地板不同之处，他是想做出品牌，而且要做出强势品牌。期间一位客户提出要求要到仓库看看，当客户走进仓库时，脸上现出失望

神色。

"你们的仓库这么小，这些地板质量可靠吗？"客户质疑。

虽然后来地板的质量让客户打消了疑虑，成功购买。但当天晚上，周新却辗转难眠，他一直在想那位客户的话。和同行相比，自己80平方米的仓库已经不小了，但是在客户眼中还是不够大，这就需要继续扩大仓库面积，而且地板质量还要更硬。为此，周新开始暗下决心，一定要做出品牌，打出强势品牌这张王牌，要把安信地板做大做强，做到武汉第一，中国第一，让顾客彻底放心。

经过周新的经营，安信地板在武汉开了7家专卖店，但是专卖店的数量多了，利润却增长不起来。为此，周新决定把专卖店合二为一，建成优质一流的旗舰店。

2001年4月，周新投资260万元，在汉西建成了近2000平方米的地板大卖场。

大卖场开业不久就取得了意料之中的成绩，经过1个月的发展，还吸引到了河南、江西的客户，他们也亲自赶来武汉取货。

现在，安信地板在业界已经成为举足轻重的品牌，打造出了属于自己的强势品牌。

商场就是战场，只有在市场竞争中提升自己产品的战斗力，才能主导市场走向，成就一番事业。周新成功了，他要的就是处处争第一，一定要做出属于自己的品牌，闯出属于自己的事业。

靠着强势品牌开路，用品牌去吸引消费者，让消费者心服口服，他们才能乐颠颠地为你消费。

不只是企业，人也是一样。一个人只有具备强大的实力，不断在他人心中树立良好的个人品牌，才能获得众人的认可、信赖、支持等，让自己越走越远。

嘉拉·法拉格尼出生于意大利一个普通家庭，她是一个年轻漂亮的女孩，渴望改变自己的命运。后来，她发现了"时尚博主"这一职业，于是申请了一个博客账号，并将自己的日常照片分享到博客。凭借靓丽的外表，时尚的打扮，嘉拉成功博得不少人的关注。但她明白时尚圈很现实，没背景，没有名气，并不能持续很久，于是她做了一个很明智的决定，就是开始投资自己。

在大学攻读法律期间，嘉拉便利用业余时间打工，所得的收入则用来给自己购买一些名牌衣服、包包和皮带等。她不是简单地购物，而会仔细研究这些物品的质量、设计等，并在博客上详细讲解。渐渐地，有人在她的博客下面留言问她一些穿搭的小问题和大牌购买的心得，她都非常热情地解答。

当时嘉拉没有名气，她就自掏腰包，借钱去拉赞助、跑活动，去时装周，近距离地接触时尚圈的那些活动，并坚持每天在博客上给大家分享心得和体会，还根据自己的学习创立了自己的同名品牌。慢慢地，嘉拉把自己的知名度提升上去，被越来越多的品牌邀请去看秀，接受采访，走上红毯。

再后来，嘉拉收获了高达1100万的粉丝，每发一条INS都可能入账一只爱马仕。2015年，嘉拉的年收入超过900万美元，成为"宇宙第一红博主"，并成为唯一一个以时尚博主身份入选福布斯富豪榜的人物。

嘉拉·法拉格尼的故事，说明了把自己打造成品牌的重要性。

在这里，最好的解决办法便是不断学习新知识、新技能，用新思维、新观念、新方法来提升自己，提高自身的职业竞争力。唯有如此，你才能保持自身的竞争优势，在竞争激烈的现代职场上站住脚，并成为永远的佼佼者。请相信，只要你不断地为自己投资，客户蜂拥而至，财富才会不请自来。

第六章
"微"利是图，
而不是薄利不值一顾

钱要一点一点地去赚，因为"薄利多销"远比"一夜暴富"来得实际。不要看不起小生意，不要错过每一分钱，要知道"微利是图"，只要铢积寸累，积少成多，就有可能助你登顶财富巅峰。

小钱不赚？不！不应该看不起它

前几天与一位朋友聊天，当时谈到"赚钱"这个话题。这些年朋友一直在西安工作，对自己目前现状不太满意，感觉经济压力很大。于是，我建议他工作之余可以做些兼职。

朋友说不知道该做些什么，考虑到他有车，有时间，我建议可以试试网约车。

当我讲完，朋友立马摇着头说："这能赚几个钱？"

"我听说现在送外卖也不错。"我继续建议。

"这也赚不到大钱呀？"朋友依然反对。

我立马在朋友身上发现了一个问题：小钱看不上，大钱赚不到。

谈到财富，不少人都想着赚大钱，看不起小钱，仿佛只有如此才是成就亿万富翁的唯一条件。事情真的如此吗？殊不知，赚钱从来都不是一件容易的事，如果一直抱着一开始就要赚大钱的心态，看不起小钱，不但赚不到，还会忽略了本该有的努力，那大钱也会离你越来越远，越来越难赚。

事实上，世界上无数亿万富翁都是靠做小生意起家的。据统计，世界90%以上的大富豪是白手起家或靠小本起步的，只有不到10％的人拥有大资本，是我们现在所说的"富二代"。就连美国亿万富翁吉列都说"我做的是小生意，但却赚了大钱，这是为什么呢？因为我懂得把小生意做大的诀窍。"

金钱从来就没有大小之分，小如微尘，照样能卷起无边的沙尘暴。聪明人从来不会在乎薄利还是暴利，只要有利可图，他们就会大小通吃。

米其林美食和街头小吃，几乎所有人都不会将两者联系在一起。一个是世界顶级美食的代表，一个是最寻常普通的小吃，可是一个年轻人却凭借着这街头小吃荣获了米其林一星的极大荣誉。2016年7月，第一本新加坡米其林美食指南宣告发布，有29家餐厅荣获米其林评级。陈翰铭的"香港油鸡饭/面"就是其中最受人瞩目的一家，因为他只是一个街头小贩，却荣获了餐饮业人人梦寐以求的荣耀。

陈翰铭出生于马来西亚一个农民家庭，因为家庭贫困早早就辍了学。因为父母工作繁忙，所以他15岁时就开始帮着家里烹煮食物。偶然的机缘，他认识了一位中国香港名厨，并且学到了烧制油鸡饭的秘方。从此，他就开了一家"香港油鸡饭/面"小店，店面非常小，没有高级餐厅的优雅、奢华。

油鸡饭虽普通，价格也非常低廉，但要真正做好却并不简单。首先是火候要拿捏精准，火大了，鸡肉又干又柴，口感不佳；火小了，血水难干，腥臊味重。再加上新加坡与中国香港水土不同，口味也需加以调整。陈翰铭一点一点试验，默默总结经验，不断加以改良，终于打造出了这独具风味的油鸡饭。

就是因为陈翰铭在这道小吃上花费了心思和工夫，所以做出的食物非常地道、美味，也受到了当地人的欢迎和喜爱。每天凌晨三点半，这间不起眼的小铺子就开始了忙碌，当店里传出了浓浓的烤鸡香味的时候，店面外面便会排起长长的队伍。大家宁愿等候一个小时或是更长的时间，也要品尝这道美食。

就这样，陈翰铭在这个小铺一干就是35年，虽然小铺勉强能转开身，但是陈翰铭却认真地做着美食，其精细和认真的程度一点都不输高级餐厅的大厨。他总是这样和学徒说："其实做小贩也好，在酒楼、大酒店工作也罢，最重要的是认认真真用心对待，用心做出来的食物才好吃。"

这个不起眼的路边摊怎么会入选米其林？就连陈翰铭一开始也觉得难以置信，但是就像米其林评级人员所说："我们评价的是你的食物，不是你的地方。"陈翰铭几十年如一日地做着这普通的油鸡饭，虽然他的店面很小很小，虽然一份油鸡饭并不能赚多少，但是他却非常地用心，用一流厨师的态度来做，所以这小吃成了世界一流的美食，积少成多，陈翰铭也因此成为美食界的富翁。

谁不想拥有多多的财富呢？有这样的目标是好事，但是作为普通人，当我们没有高学历的支撑，没有过硬的人脉，又没有过硬技术的情况下，不要好高骛远，不要忽视小钱的力量，也不要

小看那些赚小钱的机会。将身边那些能赚到小钱的机会抓住了，把小钱赚熟练了，赚大钱的机会自然而然也就来了。

正如一位成功人士所说，"小钱是大钱的祖宗。"很多创业者之所以成功，不是因为他们有多么好的机会，而是他们对小钱不嫌弃。从小钱开始一分一分赚起来，虽然是白手起家，但是通过在赚小钱的过程中，不断提高自己，不断积累经验，不断刷新自己，小钱就会渐渐转化为大钱。

这也验证了我的发现，那些善于赚小钱的人基本都过得不是太差，他们也不会抱怨。

再进一步说，金钱不应以大小来评判，而应该用价值来衡量。无论大钱，还是小钱，只要存在一定的意义，都是应该赚的。因为赚钱能证明一个人的价值，更是衡量一个人成功的一个重要砝码。只要你能赚到钱，你就是成功人士，你就是精英。这里其实没有大小之分，只有成功与否。

美国康龙集团董事长兼总裁叶康松出生在浙江省的一个农村，曾经是一个普通的农家子弟，但是他却有着不同于其他孩子的梦想，那就是用赚钱来证明自己的梦想。

一开始，叶康松是一名镇党委书记，那时候农村经济落后，山区普遍出现农民分田单干或外出谋生现象。从中，叶康松看到了农村市场大有可为，之后他毅然辞去"乌纱"当起农民，他承包了一片300亩的荒山，办起水果实验场、畜牧实验场和水产养殖场，就这样慢慢积攒起来一些资金。

后来叶康松代表中国企业家前往美国考察，到达洛杉矶后他被那里繁荣的商业气息深深吸引，不禁产生一种在那里一展拳脚的冲动。当时浙江一带的小商品非常兴旺，叶康松就想着拓展一下海外市场，如果在浙江和洛杉矶之间搭设一条商业的桥梁，把中国的商品卖到美国，一定会从中谋取到财富。

说干就干，经过一番努力，叶康松的企业获得了国家批准，成为第一家在美国注册的私营企业。叶康松给这家在美国的公司起名为"康龙公司"。

为了打开美国市场的大门，叶康松决定从物美价廉的小商品入手。当时美国的打火机市场一直都是日本人和韩国人的天下，大有"一夫当关，万夫莫开"的架势，于是叶康松选择了用打火机来投石问路。他想方设法从国内引进了100万只打火机，这些打火机外形前卫，而且价格便宜，一进入美国市场深受欢迎，给了一手垄断美国打火机市场的韩国人和日本人一次重重打击。

叶康松决定趁热打铁，又从国内引进一批打火机，一跃成为美国打火机最大的供应商。自此之后，叶康松每年从国内引进500万只打火机。但叶康松还没有满足，有了打火机的投石问路，纽扣、小玩具等多种多样的小商品也源源不断地走进美国市场，并且都取得了非常好的成绩。

短短几年的时间，康龙公司销售总额达到2000万美元，像飓风一样席卷了美国的市场，涉及美国多数市场，而"康龙公司"也更名为"康龙集团"，成了一家集生产、贸易、投资、国际交流、旅游、咨询服务为一体的多功能的跨国

企业。

在美国，哪里有市场，哪里有赚钱的商机。叶康松认为美国市场还有很多潜力可挖，钱是永远赚不够的，因此他永远不会停止赚钱的脚步，仍然在努力奋斗着。

谁都想让自己手中的钱取之不尽，用之不竭。但这可能吗？不可能，学会赚更多的钱才能走更多的路。为此，我们不仅要看得起每一分钱，而且要把赚钱看作体现自身价值的象征。这样，钱才能生钱，利才能滚利。你才会感觉到，钱永远赚不够。如果心安理得地攥着手上的钱，必然会死于安乐。

赚钱的梦想就像一块磁铁，而金钱就像是铁。只要赚钱的这块梦想的磁铁能够移动，能够思想，那么身为金钱的铁就会源源不断到来。

做好小生意，一样称霸大市场

如果问一个人你想做小事还是做大事，相信绝大多数人都会选择做大事。因为在普通人的意识中，只有做大事才能成就大事业、大成就。

在这种思维的影响下，很多立志成为亿万富翁的人，尤其是心高气傲的年轻人，常常会陷入这样一个赚钱误区：他们认为，既然我树立了远大的目标，那么就不应该浪费时间去做那些毫无价值的小生意；甚至有些人认为，只有做大生意才能显示自己的胸怀大志，才能突出自己的与众不同。

李成大学时期学的酒店管理，毕业后虽然如愿在一家酒店就业，但他整日抱怨工作琐碎，收入也是一般水平，无法施展自己的宏伟大志。

李成的舅舅开着一家卖化肥的厂子，算不上巨富，但身家也有个好几百万。大概是见舅舅赚钱似乎挺容易，李成便动了心思，想着跟舅舅讨一个市场代理权去卖化肥，打算在化肥事业上开创自己的"第二春"。正好那段时间，舅舅的公司正在扩展市场范围，便痛快地给了李成划了一块市场。

毕竟是亲戚关系，舅舅亲自出马，带着李成上山下乡地去推销化肥，亲力亲为地教他怎么和农民交涉，怎么介绍公司的产品等等。

化肥的利润其实不算高，一包化肥利润最高也就是几块钱，而李成作为代理，推销出一包化肥，大概也就只能拿到几毛钱的提成。这种小生意什么时候才能熬成大富翁呢？这和李成最初的预期简直差的不是一星半点，后来不到一个多星期，李成就"丢盔弃甲"，离开了舅舅的化肥公司。

李成抱怨着找不到成功机会，但把机会放在他面前，他却又嫌弃机会太小，微不足道。李成看不上推销化肥的微薄利润，却没想过，舅舅的百万身家不正是这一包包化肥微薄的利润积聚而成的吗？

　　我们应该知道，任何一项伟大的事业，如果细细划分的话，都不过是由小生意组成的，甚至是微不足道的事情。很多时候，小题大做的心理要不得，但是以做大事为借口拒绝和不屑做小事，那更是错误的行为了。天下的大事都是从细微之处做起的，小生意都做不到好，那么大生意就更做不好。

　　正如杰克·韦尔奇所说的一段话："一件简单的小事情，所反映出来的是一个人的抱负。工作中的一些细节，唯有那些心中装着大抱负的人能够发现，能够做对。"今天你用做大事的心态来对待每一件小事，把它们做到极致，那么将来才能轻轻松松地做好大事。如果一个每天只想着做大事，却无法用做大事的心态去对待生活中的小事，那么一生终究只是默默无闻的小角色。

　　很多时候，将一份小生意做出大文章才是真正的成功。放眼商界，那些成功人士大多数都是从小生意做起来的，他们对小生意不抵触，而且把小生意当作大生意来做，把它当作自己生命的一部分，勤勤恳恳，踏踏实实地去做。通过经验的积累和灵活的头脑，把小生意做成了大市场。

　　比如，20世纪改革开放时期，温州人经营的几乎全是赚小钱的小本买卖，如皮鞋、裁缝、开饭店、做纽扣、皮衣、卖小家电等等。如果换作常人，对这些小市场肯定不屑一顾，但是温州人却善于在小市场中发现大价值，从基础做起，从一分一分赚起，等到时机成熟，自然会水到渠成。

　　有人对小生意有抵触心理，觉得这是对自己的屈才，但是如果你真的有能力，小生意也能做大，更能做强。而且，往往越是专供小生意越能成功。这就好比一个问题，杂而不精和专而精之，哪个更好？当然是专而精之，如果你能从小生意做起，把小生意当成大生意做，必将成就一番辉煌事业。

　　我认识一位酒店老板，姓孙。当老乡们还在拿起锄头耕作的时候，他已经在村子里开了一家小店，经营各种杂货，这样可比务农轻松很多。

　　后来随着村里外出务工的人员增多，小店的生意渐渐惨淡了下来，孙老板也想着出去谋生。于是，他把小店交给了妻子，自己带着几百块钱，在县城的汽车站边上开了一家快餐店，经营起快餐来。餐饮是一个进入门槛很低的行业，只要用心，口味适人，经营得法，总有钞票赚。孙老板服务的对象主要就是干重活的农民朋友和外来的打工者。虽然赚钱很少，但他知道只要饭菜数量足，口味适当重一点，客户回头率肯定会高的。所以，在开张第一天孙老板就决定以质量和价格取胜。

　　因为价格便宜，而且给的饭菜充足，孙老板的快餐店很受欢迎，为此，孙老板感到了无比的满足。但等到停下来算账的时候，孙老板发现，所获的利润非常低。但是既然有了客户，而且还在不断增加，这就是商机，只要经营对路，肯定能赚到钱。为此孙老板在原来的基础上，增加了风味小吃，例如面条、饺子、米线之类，而且还做大了店面，招聘了助手，在最大限度上满足客户的需求。

　　这样经营了几个月，孙老板赚了不小的利润。那些年，孙老板一直在饭菜质量上下功夫，用质量来满足客户的需

求。经过十年的经营，孙老板打出了自己的名气，吃过他饭的人都夸好。虽然快餐店扩建过，但是远远达不到孙老板的要求。后来，他开始物色地方，挑选商圈，为自己进一步发展做好准备。

后来，孙老板终于在县城中心买下了一幢四层小楼。接下来，他对小楼进行了改造装修，添置了餐具和住宿设备。经过一年的装修和准备，这家酒店正式开张了。虽然饭店的水准达不到五星级酒店的标准，但是在当地却是很有名气，甚至带动了周围萧条的商家，形成了一条热闹的商业街。

孙老板的成功更像是一次从山脚向山顶努力爬的过程，最初的快餐店是小生意，默默无闻，而且利润非常低。但是他却从中看到了希望，看到了广阔的发展前景，慢慢地积蓄力量，有循序渐进的规划。日复一日地努力，在所谓的小生意中不断获利，并且逐渐成就了自己的一番伟事。

赚钱不能动辄就上大项目，而应当树立"利小而为"的态度，看准那些不起眼的小商品，善于发现别人尚未注意的市场缝隙，这样的发展同样大有"前"途。

富可敌国，靠的也是聚沙成塔

梦与梦想的距离，就是聪明人与普通人的距离。聪明人明白，不积跬步无以至千里，普通人却只想一步登天，一鸣惊人；聪明人明白，不积小流无以成江海，普通人却只盼着天降甘霖，滔滔财富绵延不绝。

还没走到山脚下，就盼着欣赏"会当凌绝顶，一览众山小"的风景，还没得到拍电影的机会，却想着直接登上奥斯卡的领奖台……这难道不是痴人说梦吗？

捷克有一个名叫齐克的年轻人，18岁时就登上了"欧洲第一高峰"勃朗峰。之后他和伙伴们先后登上9座海拔4000米以上的欧洲高峰，于是雄心勃勃的他们一心想要登上世界第一高峰珠穆朗玛峰。为了办理签证的问题，齐克不得不向自己的父亲——一位国际登山者协会的常务理事求助。

在信中齐克豪情壮志地说："作为一名登山运动员，如果没有征服珠穆朗玛峰，就算不上成功。"很快父亲回了信，信中讲述了这样一个故事。

贝尔纳是法国著名的作家，在法国影剧史上占有重要的地位。有一次，法国一家报纸进行了一次有奖智力竞赛，其中有这样一个题目：如果卢浮宫失火了，情况紧急，只允许抢救出一幅画，你会选哪一幅？有人说抢救最昂贵的，有人说抢救具有历史价值的，而贝尔纳的回答却赢得了奖金，他的回答是：抢救离出口最近的那幅画。

是啊，即便是再昂贵、再有价值，如果来不及抢救那么也是无济于事。只有距离自己最近的，触手可及的才是最重要的。齐克明白父亲的良苦用心，经过思考之后觉得以他们

现在的装备和素质，想要征服珠峰确实是一件非常困难的事情，于是劝说伙伴们没有必要一步到位，可以先尝试乞力马扎罗山。

几个伙伴对此嗤之以鼻，纷纷嘲笑齐克是胆小鬼。结果大家不欢而散。

在之后的几年，齐克根据自己的能力一步步地挑战，先后登上了海拔5895米的乞力马扎罗山、海拔6893米的盐泉山，和海拔8172米的道拉吉里峰。而在这期间，他还获悉了一个不幸的消息：三名登山队员，在珠穆朗玛峰海拔8300处失足坠崖，不幸全部罹难。而这三名登山队员就是他曾经的伙伴。

2008年，28岁的齐克终于实现了自己的梦想，凭借多年积累的娴熟技巧以及丰富经验，攀登上珠穆朗玛峰顶。此时他感慨万千，如果三名伙伴能够听从自己的劝告，不是一心想要一步到位登上珠峰，恐怕就不会跌落山崖；如果自己不听从父亲的教导，从较低的山峰开始，恐怕今天也不会站在前所未有的高度。

追求财富就好比登山，想要做大事是好事，有了远大的目标就可以不断激励自己前进，但是如果只盯着山顶，只想着赚大钱，不肯一步步稳步攀登，一不小心就会跌入万丈深渊。

对于任何人来说，一步到位都是非常困难的事情。既然没有一步登天的捷径，那么不妨先从基础做起，从最近的目标开始，从小事一步步积累。这是一个循序渐进的过程，只有不断完善自己，不断吸取经验，才能一步一步向着成功迈进。当你真正成功的时候，就会发现一切都是水到渠成。

我们常说，"不积跬步，无以至千里；不积细流，无以成江海"，说的就是这个意思。只要坚持，再小的财富也能聚沙成塔。只要坚持，再远大的梦想也有可能实现。

周建成，美特斯·邦威的老板，出生于一个小山村的贫穷家庭。在他14岁的时候，因为姐姐要出嫁，家里购买了第一台缝纫机作为嫁妆。于是，心灵手巧的周建成通过自学成了一名小裁缝。那时候的周建成就已经开始将自己做好的服装出售，并且还时常贩卖一些诸如纽扣一类的商品。

6年后，周建成只身一人来到温州市闯荡，在苗果寺市场租了一个摊位，开始了自己的创业生涯，同时也为自己赚得了人生的"第一桶金"。

经过几年的摸爬滚打，周建成已经是个拥有四五百万元的富翁。按理说，穷山沟出来的小子如今事业有成，正该回去光宗耀祖。可是，周建成却不满足。不但没拿着钱衣锦还乡，反而出大手笔注册了美特斯·邦威，专门制作销售休闲服装。

10年后，美特斯·邦威的年销售额已经接近20亿，周建成已经成为名副其实的成功人士。然而，他依然不满足。如今，他在温州投资建设总部大楼，并在上海建设现代化的服装设计中心……总之，对于周建成来说赚钱没有止境，就像他自己所说"没有比脚更长的路，没有比人更高的山。"

　　成功贵在坚持，积少成多，再多的财富也是一个循序渐进的过程，关键是要找到自己人生的入口，然后慢慢去摸索。只要梦想的路找对了，赚一角钱也好，赚一分钱也罢，只要不断前进，不断坚持就是对的。聪明人深知，以不屈不挠的精神努力，在梦想的道路上永不止步，才能收获成功的果实。

　　不管是谁，想要成为富翁，想要赚到大钱，都要讲究务实。或许你会说，只要拥有成为亿万富翁的野心，拥有成就亿万富翁的本领，就能成就亿万的事业。但是不要忘了，凡事都是从起点开始的，如果不愿意脚踏实地，没有好的起点，那么之后的所有一切都是空中楼阁，都是不可能存在的。

　　就连世界首富比尔·盖茨也曾说过："我从来没把自己当成一个'做大事的人'，自己之所以能够成功，只因为自己把每一件小事都做到位了而已。你不要认为为了一分钱与别人讨价还价是一件丑事，也不要认为这没什么出息。金钱需要一分一厘积攒，而人生经验也需要一点一滴积累。"

　　不错，人生经验需要一点一滴积累，金钱也需要一分一厘积攒。所以想要变得富有，不要好高骛远，不要心浮气躁，要考虑自己的能力和外界客观条件。无论做什么，只有脚踏实地去做，经过一步步积累，才会有所成就。

"微"利是图，才能积少成多

"天下熙熙，皆为利来；天下攘攘，皆为利往。"

这句话用在财富场上，尤为恰当。通俗地说，做生意就是为了赚钱，实现利益的最大化。如果没有利益，谁还愿意去做呢？

利益存在于任何一个时间，任何一个地点。那些聪明人对待生意，总是会非常有兴趣，然后开始思考如何能获得利益的最大化。在他们认为，天底下没有无利的生意，就像没有不透风的墙一样，只有不断地付出，才能看见利益慢慢露出头角；只有不停地奋斗，才能发现利益的光芒。

中国人常说"唯利是图"，这句话说明商人都看重利益，只要有利益，就会迎难而上。在这里，"唯利是图"并非一种贬义，而是指能够随机应变，通过赚取微利来赢得市场。

微利时代下，大多数人看到的是"难"，却常常忽略了一点，现在的利润虽然很小，却能发现更多的商机，不要认为微利就是赚不到钱。相反的，只要能找出微利的突破口，微利自然就能变成厚利。

在新疆天山南麓有一个叫轮台县的地方，这里位于新疆腹地，是小白杏的生产基地，小白杏有着与其他杏不同的特点，它色泽浅黄透明，光滑无毛，肉细无渣，入口绵甜清

爽，是杏果中的极品。但如此优秀的小白杏也有着不同于其他杏果的劣势，它的杏核壳特别坚硬，很难打开，所以杏核成了没用的附属品，从来没有人吃过，更没有人开发利用，剩下的杏核全都被白白扔掉。

一个偶然的机会，浙江商人毛应理来到新疆轮台县进瓜子的时候，见到了路边堆满的杏核时，不免感到一阵的惊讶。毛应理曾经在家乡有过炒杏仁的经验，当他看到这些杏核时不免有些痛心，这可都是宝贝。为此，毛应理问明缘由，得知是因为杏核壳难以开启，才被弃用的时候，不免有了一种想要实现这些杏核价值的冲动。对于杏核，虽然加工能赚到钱，但也是微利，但总比扔掉好得多。

毛应理并不盲目，他先带着这些杏核去了北京，找专家鉴定这些杏仁是否对人体有害，得知此杏仁无害，而且还有很高的营养价值和药用价值的时候，毛应理非常高兴。拿着这份权威的鉴定报告，毛应理收购了大量杏核开始夜以继日地炒，经过无数次地尝试，终于成功地让这些杏核开了口。

说干就干，毛应理在戈壁滩上搭起了简陋的帐篷，每天工作环境就是这顶帐篷，虽然条件艰苦，但是他却看到了希望。他每天的工作就是：收购鲜果，然后把它们晒成杏干，剥掉肉脯，取出杏核，加工的工作量非常大，毛应理经常和几十名员工加班到深夜，就是这样工作，一天才加工3吨杏核。

后来，毛应理开始研究杏仁的配方，又进行产品配方，最后投入生产。经过不断努力，毛应理的杏仁产品一经上市，就受到了一致好评，供不应求。这引起了知名果仁企业的注意，还引起了美国加州杏仁商会的注意，试吃之后很多人都赞不绝口，一下子就敲定了多笔生意，这让毛应理也因此获利不少。

一个杏仁赚不了多少钱，但是毛应理"废物"利用，把这些没人要的硬壳做出了大的市场，一下子实现了从微利到厚利的跨越。

毛应理的成功就在于发现，发现微利的所在。当他看见杏核的时候，不是像当地人似的弃之如敝屣，而是停下来思考，是否可以打开硬壳发现里面鲜美的果肉呢？是否能在微利的果仁市场淘到一桶金呢？

微利和厚利是一样的，都是可以看得到摸得着的，只是多或少的区别。但是，如果一个人有恒心，善于发现，能从微利中发现厚利，锲而不舍，肯定能实现自己的梦想，把微利发展成厚利，最后达到常人难以达到的高度。

有一个女孩刚开始的时候，给别人家当保姆，后来她开始在街上摆地摊卖胶卷。这个女孩认死理，她认准的道理，九头牛也拽不回来，一个胶卷她只赚1毛钱，多了不赚。

在当时市场上柯达胶卷卖到22元的时候，她的胶卷只卖14.1元，而这种胶卷的进价就是14元。谁知道，就是才赚1毛钱的生意，被很多人接受，后来，这个女孩的生意发展快得惊人，批发量越来越大，再后来她的摄影器材店在义乌可谓

家喻户晓，就是她的"1毛钱"真诚打动了所有人。

这个女孩做的是小生意，但她特别真诚，把小生意做大，形成了大的市场。

如果说一个打火机的利润只有5厘、1分钱，你还愿意做吗？你认为如此低的利润能够暴利吗？答案是肯定的。打火机的利润虽然很少，但如果出口量达到9000万只，那么利润就是90万元。在微利中获得大利润，只要一心一意地去做，小生意就会变成大生意，财富自然而然就会到来。

成为亿万富翁并非一朝一夕之事，只要你愿意去发现，愿意去奋斗，敢于坚定地走下去，未来就一定能赚到更多的钱，取得更大的成功。

哪怕为了小钱，也可以放下薄面

很多人想要成为亿万富翁，可是财富的机遇是非常难求的。我们不仅要问：你打算如何去赚取那一个亿？如何找到并抓在赚钱的机遇呢？

在这里，不妨牢记李嘉诚所说："当你放下面子赚钱的时候，说明你已经懂事了；当你用钱赚回面子的时候，说明你已经成功了；当你用面子可以赚钱的时候，说明你已经是人物了；而当你一直停留在那里喝酒、吹牛、睡懒觉，啥也不懂还装懂，只爱所谓的面子的时候，说明你这辈子也就这样了。"

所谓的面子是什么？说得通俗一点，面子就是包袱，就是负累。只会让你在面对事情的时候优柔寡断，会顾及很多种因素，让你犹豫不前，最后只能与机会说再见。

中国人常说"士可杀不可辱"，难道面子真有那么重要？其实不然。放眼古今历史人物，哪个成就一番伟业的人对待事情不是拿得起放得下？韩信忍受胯下之辱，终成一代名士；勾践忍受吴王夫差的屈辱，二十年后终于灭吴；刘邦忍受项羽的讽刺，终于建成中国历史上影响较大的汉朝……

维斯卡亚公司是20世纪80年代美国的一家著名的机械制造公司，很多机械行业的大学生毕业之后最大的梦想就是去这家公司上班。这家公司能够提供的待遇和发展空间吸引着一批又一批的求职者，但绝大部分的求职者面临的都是被拒绝的命运。史蒂芬就是其中一位，他是哈佛大学机械制造专业的毕业生，在申请这家公司职位的时候，由于没有工作经验，他的简历被拒绝了。

但是史蒂芬没有死心，他暗自发誓一定要进入到这家看似高不可攀的公司。于是，他采取了一个特殊的策略，那就是从最低的职位开始做起。

史蒂芬先找到了该公司的人事部，提出自己愿意免费为该公司提供无偿的劳动力。希望公司能够派给他任何工作，而这一切都是不计报酬的。人事部经理起初觉得这是一件不可思议的事情，但考虑到不用支付人工成本，于是便派他去打扫车间里的废铁屑。一名大学生居然做这种工作？而且没有报酬？身边的不少人都替史蒂芬感到不值，觉得他的脑子肯定傻透了才会答应这种条件。

一年的时间里，史蒂芬勤勤恳恳地在车间里重复着这种简单但是很劳累的工作，虽然也曾遭遇到别人的嘲笑，嘲笑他大学白读了，但他从不生气，从不抱怨。为了能够糊口，每天下班之后，他还要去酒吧打工。因为无足轻重，他虽然得到了老板和同事们的好感，但谁也没有提及录用他的事情。

一年之后，公司的一些订单被退回了，理由是因为产品的质量问题。这对于一家机械制造公司而言，无疑是一种致命打击。

为了挽回公司声誉，公司董事会紧急召开会议商议对策，当会议进行大半还没有进展的时候，史蒂芬突然闯进会议室，提出要见总经理。在公司高层面前，史蒂芬就产生问题的根源做出细致而深入的分析。他还就工程技术上的问题提出自己的看法，并且拿出自己对产品的改造设计图。

众人对这位编外的清洁工的做法感到十分吃惊，在询问了史蒂芬的背景和技术知识之后，当即聘用他为公司负责生产技术问题的总经理。

原来，史蒂芬在做清扫的时候，利用可以到处走动的机会，细心观察整个公司各个部门的生产情况，并且一一做了详细的记录，他发现其中的问题并想到了解决问题的办法。史蒂芬花了接近一年的时间做设计，并以大量的统计数据为基础，自然具有极强的操作性，最终也如愿获得理想工作。

有的人活了一辈子只为面子而活，到最后却丢了面子；而有的人甩开面子的包袱，努力奋斗，最后却赢得了面子。这句话听上去有些晦涩难懂，但是细想便知，一个人只有放下面子，才有可能做成更多的事情。只有做成一番事业，你才会有面子，否则一切只是纸上谈兵，未尽其用。

就拿我结识的一些海归人士而言，他们明明有很强的能力，但创业时成功的概率很低，为什么？很大原因就在于他们太要脸面，不愿意做求人的事情。

在传统观念里，许多人认为饿死事小，失去面子那可就事大了。但真正的成功人士在创业初期多数都做过推销员，为了推销一件产品放下面子，用笑脸，用嘴皮去拉拢客户。虽然遭到无数的白眼，遭到无数的拒绝，但他们从不失望，从不懈怠，最后功成名就，把嘲笑自己的人远远甩在身后。

的确，大家尊重一个人的标准，从来不是看表面，而是真正拥有的本事。能力越高的人，越不在乎面子，甚至在适当的时候放下自己的面子。因为他们知道只要自己赚到钱了，成功了，钱越多面子越大。

徐勇水是威众打火机的董事长，在他的眼中没有什么面子，只有赚钱，让别人仰视你，这才是面子。只有创业成功了，赚到钱了，才是面子。

出生于1956年的徐勇水，父母都是干部，因为家庭的熏

陶，他是高才生，毕业后早早就当上教师，但是他心中一直有一个梦想，要用自己的成功证明自己的价值。

32岁时，徐勇水辞掉教师工作，靠着3万元贷款进入打火机行业。有了贷款的支撑，徐勇水开始穿梭在温州和广州之间，努力奋斗，跑市场。做过打火机的人都知道，每只打火机都有一个点火的电子装置，业内俗称"电子"。但是在中国内地，技术问题还是没有解决，只能另谋出路。在当时，世界上只有日本的TDK公司能生产电子，而其在中国大陆销售的代理商是香港的德辉公司。

一个偶然的机会，徐勇水得知德辉家族的四公子佘德发前来考察市场。很多厂商对佘德发不感兴趣，也不热情，他们觉得自己本身是老板，和这个既无订单又没有明确意图的公子哥谈话，耽误时间，也有失身份。虽然不知道佘德发具体能给自己带来什么？但是徐勇水仍然放下面子，款待佘德发，给佘德发端茶倒水，并且做他的专用司机……经过几天的热情款待，佘德发对徐勇水非常满意，走的时候就给他留下了一张名片，说用得到他的地方，就给他打电话。

1988年年底，德辉公司为了控制市场，赚取更大的利润，停止了对内地的"电子"供应，"电子"市场全面开始疲软，很多打火机厂家纷纷落马，关门大吉。在这种情况下，徐勇水仍然保持着清晰的头脑，他忽然想到前来温州考察的佘德发，找出他的名片，开始询问他"电子"的情况，佘德发当即表示："如果你要，我肯定有货。"于是徐勇水主动往佘德发的账户上打了10万元。

同年5月，徐勇水收到佘德发运来的电子，货刚一到，徐勇水就卖光了，在短短的几天时间里，徐勇水就净赚100万元。

一个月后，徐勇水前往广州与日本TDK以及德辉公司代表签订协议，成为TDK的中国内地总代理，最终成为"中国打火机大王"。

徐勇水成功了，他敢于放下面子，也懂得能屈能伸，把握住了未知的机会，顺利拿下了第一桶金。如果当时他对待佘德发不屑一顾，和别人一样讲究面子和身份，那样的话，就没有现在的成功了。

人，当然需要面子。但是你也需知道，面子是人生中的一道障碍。如果你聪明的话，就要尽量摆脱面子对于自己的束缚，也不要做"死要面子活受罪"的事。当你能忍受别人所不能够忍受的屈辱和痛苦，最大限度地解放出赚钱的天性，相信这会给你成为有钱人打下最坚实的基础。

"赔钱"与"赚钱"之间的关系转换

有一种说法是："趋利避害是人的本性，人都是自私的。"所以一些人时常为得到利益，和别人争得面红耳赤，不可开交。有时，为了自己的利益不惜损害别人的利益。但这样做有什么好处呢？到最后不仅把原来很好的人际关系搞僵了，而且自己很可能什么都没有得到，真是得不偿失。

所以，我们虽强调要重视利益，但并非提倡利益唯上。毕竟每个人都不傻，每个人都是以自己为原点，以利益为半径画圆，一个人只有舍弃自己的一点利益，才会有更多的人和你发生交集，才会有更多的人与你合作，到最后你的利益不但没有受损，反而更大，这就叫"放长线钓大鱼"。

在接受记者采访的时候，记者问李嘉诚的儿子李泽楷："您的父亲是华人首富，而且您自己也那么优秀，是不是您的父亲教会了您很多赚钱的方法呢？能给我们说说吗？"

"父亲什么赚钱的方法都没有教过我"，李泽楷摇了摇头，回答道："他只和我说，每一个人在这社会上都生存得不容易，在与别人合作时，不要总是想着自己利益的得失，要把别人的利益放在第一位。和别人合作，假如对方拿七分合理，八分也可以，那么李家拿六分就可以了。如果生意做得不理想，那李家就什么也不要了……"

正是因为这一原则，凡是与李嘉诚合作过一次的人，都愿意与他继续合作，而且还会介绍一些朋友，再扩大到朋友的朋友，也都成了他的客户，他获得了好的人缘，生意才能越做越大，让自己的利益倍增，最终成了华人首富。而李泽楷秉承父亲的处事原则，也成了身价过亿的富翁。

纵观商场，不难发现：有些人急功近利，目光短浅，为了眼前的那点蝇头小利而不择手段，结果搞得自己臭名远扬，到最后没有人愿意与之合作。相反，那些有长远眼光的人，不着眼于眼前的利益，不计较一时的得失，放长线钓大鱼，结果不但自己赚到了大钱，还迎来了更多的朋友。

聪明人深知这一点，所以他们爱吃亏，会吃亏，不怕吃亏。虽然前期可能赔钱，但在这个过程中，一定能够得到更多的其他东西，比如经验、人脉，等等。

邹文聪是著名的"纽扣大王"，当年刚刚年满17岁，他就开始天南海北的闯荡生涯，做最低廉的纽扣推销生意。由于租不起店面，邹文聪一般会把纽扣带在身上或者摆地摊销售，其中的滋味真是难以言尽。为了赚到钱，邹文聪不去旅馆小店住宿，而是在公园或者候车室里将就一晚。

尽管自身的温饱难保，但和买主做生意时，邹文聪甘愿以低廉的价格出售纽扣，有时甚至是赔钱卖的。为什么要这样？因为他知道，他缺少的不单单是钱，更重要的是市场动向和人脉，他需要摸清楚这个行业的发展趋势，稳扎稳打。就这样，在卖纽扣的那些年，邹文聪虽然没有赚到多少钱，但朋友却多了起来，很多服装工厂都愿意和他打交道，因为他们觉得邹文聪这个人特别实在。

经过不断的发展，邹文聪开了自己的第一家商店，专门卖纽扣、拉链之类的小商品。因为前面积累的人脉关系，大家都很照顾他的生意。

再后来，邹文聪打听到一家纽扣厂经营不善，打算关门停产。他花钱盘下了这个工厂，就这样开了自己的第一家工厂。因为相信他的为人，不少朋友毫不犹豫地过来帮忙，许多客户一如既往的支持。就这样，工厂经营规模越来越大，最终邹文聪牢牢垄断了国内的纽扣市场，成了名副其实的"纽扣大王"。

在总结成功秘诀时，一位商界知名人士曾坦言："做人要会吃亏，做事要会吃苦，成功就藏在吃亏与吃苦里。"

人生永远都是有舍有得的，小舍只会小得，大舍才会大得。难舍能舍，无所不舍，方能难得能得，无所不得。所以，真正聪明的人从来不怕吃亏，不会在乎小的得失，更不会与人斤斤计较。因为他们知道，一个人拥有豁达的心胸，宽广的眼界，就会取得成功，赚钱更是水到渠成的事。

怎么让财富事业可持续发展

利益虽然是一个不确定因素，但只要你去做，去努力，获利也只是迟早的事。但是，没有什么事是一劳永逸的，人不能鼠目寸光，要学会高瞻远瞩，不仅要懂得为现在谋划价值，更要懂得为将来谋划价值。

常言道："商场如战场。"世界是残酷的，竞争是激烈的，商业如同不见硝烟的战场，如果固守陈旧的思维，不能适时进行改变和创新，即便现在的自己再强大，前面的路也就只剩下一条：萎缩、衰落、死亡。

例如，英国小说家约翰·高尔斯华绥笔下《品质》中的老鞋匠格斯拉先生，虽然拥有全城最好的制鞋手艺，但在工业化生产已经形成一种趋势的情况下，他不愿尝试新的技术，坚持手工制鞋。但手工工艺生产效率低，产量低，价格贵，致使生意越来越惨淡，最终老鞋匠饿死在自己的鞋铺中。

在互联网时代，迅猛的变化、爆炸的资讯、时间和空间的巨大变革……变化，已经是这个时代唯一不变的特征！打江山容易，守江山却要难上很多。如何让企业永葆青春，一直红下去呢？那就是不断地发展创新，摒弃旧的陋习，增加新的措施，引进先进技术，顺应时代的变化和要求。

有些老年人为什么会面色年轻，因为他们有一个年轻的心态，这就是一个人永葆青春的秘诀。企业也是如此，只有不断完善自己，弃旧用新，才能在社会大潮中永远占据自己的一席之地。那些聪明人更是深知这一点，拥有掌握自身命运的自觉意识，不断地对自身进行一场场自我革命。

吴志泽是报喜鸟服装品牌的创始人，年轻的时候他投入了几百元钱，和一位裁缝师傅学手艺，但在他认为师傅裁剪的衣服过于老式，并不适宜当下年轻人的喜好，于是学成之后他自己买了一台缝纫机，开始单干起来。由于服装款式比较新颖，而且价格也实惠，吴志泽的客户渐渐多了起来。

那时浙江一带的服装厂生产的都是假冒品牌，看哪个品牌卖得好，就贴上那个品牌的商标，但这种做法明显是违法的。吴志泽觉得，如果不将商标这件事搞明白，今后还会有更多麻烦。他开始钻研与商标有关的知识，知道商标一经注册便受到法律保护，任何人都不能随意使用。他突然觉得这个方法真是太好了，商标法既约束了自己，也可以成就自己——我注册了商标就是我自己的，别人不能用了。于是在问清所有手续之后，吴志泽跑去注册了一个商标——嘉利士。

从此，吴志泽的纳士制衣厂有了自己的品牌。当时中外合资企业的产品普遍都用一个看似外文译音的品牌，意外开花，吴志泽起嘉利士这个名字，误打误撞，撞了一个个开门红。人家一见嘉利士，以为是合资厂生产的，便毫不犹豫地购买。但这个时期，吴志泽的服装正处于起步阶段，销售渠道并不广, 产品主要销往湖南、湖北。随着吴志泽的不断做大, 很多小工厂开始假冒嘉利士的商标了。一时间, 武汉的各大商业网点以及几大服装批发市场卖的全都是嘉利士。

为此, 吴志泽想去找工商部门进行打假, 但这些小工厂也是邻居乡里人办的, 如果打假, 这些和自己一样白手起家的人辛苦创立的工厂就会倒闭, 吴志泽于心不忍。"两害相较取其轻", 他拿出证据去找这些厂家谈判, 如果缴纳一笔贴牌费, 双方合作, 就可以合法了, 那些厂家负责人起初还担惊受怕, 但是听吴志泽这么一说马上同意, 并且签订了合作意向。随着很多新厂家的加入, 这就让嘉利士品牌泛滥了, 吴志泽开始感觉到了危机, 如果这么发展下去, 企业的路会越走越窄, 只有创立自己的品牌, 才能和其他企业区分开来, 而且更能提高企业的知名度。

吴志泽开始陷入了沉思, 他发现皮尔·卡丹可以卖到近3000元, 而他的嘉利士才卖300多元, 有10倍的差距。所以, 吴志泽决定要创办起属于自己的知名品牌, 走向全国, 乃至世界, 于是他重新注册一个品牌, 他希望借助这个品牌来巩固自己在服装界的地位, 生产出真正属于中国人自己的名牌产品。但是新创一个牌子, 难度极大。不仅要从头做起, 还要迅速发展壮大, 和其他知名品牌抢市场。一想到这样的困难, 很多企业都放弃了, 依旧我行我素赚着微薄的利润。

但是吴志泽知道, 如果一家企业想要代代红下去, 就要求新求变, 才能永远焕发着生机。思考了一段时间, 吴志泽

终于制订出了一个计划，他去游说其他服装厂家合作共谋。最后有两家同意了吴志泽的建议，于是吴志泽又找来相关的专家。经过反复协商，最终三家企业达成了一致：要创品牌，就创一个最民族化的品牌，最后选择了"报喜鸟"作为三家合作后的唯一品牌。

"报喜鸟"这个品牌确定之后，三家企业开始共谋发展，不断创新，不断发展，最终，打造出了具有民族特色的国际品牌。

创业开门红之后，吴志泽没有被眼前的成功所迷惑。他认为，服装厂原本的模式如果不能适应新形势要求，几年内就会被淘汰。只有不断创新的企业，才能不断发展。于是，在他的鼓励和带动下，服装厂不断创新，创造出"轻凉西服""挺柔西服"等优秀品牌，让企业大踏步地前进。

创业是永恒的，守业是相对的。代代红要远远比开门红艰难，它需要你时时用心，时时有创新意识，时时有危机意识。在企业发展的道路上，不断摸索，不断发挥自己的潜能，群策群力，积极吸收他人的精粹，然后化为己用，这样才能让一家企业在创业开门红之后，一代代地红下去。

新的市场、新的规则、新的策略……赚钱的本领和赚钱的思维，是紧密联系、相辅相成的。只有不断地创新思维，才能开阔自身的眼界；自身的眼界开阔了，反过来又能推动思维不断创新。将自己的某些习惯、心态、行动、思想等做出变更，才能一直发展壮大下去，赚到想赚的钱。

第七章
财富共享，财路更宽

"赚"字左边是"贝"，象征财富；右边是"兼"，代表共享。钱千万不要一个人独吞，也要让别人有得赚才行。财富创造的根本是合作共赢，是双方都赚钱，这是一个良性循环。

眼里只有争斗，只会无路可走

现实生活中，多数人习惯以输或赢来判断自己的处境，赢便是代表其他所有人都得输，运动场上非赢即输的角逐、学习成绩的分布曲线，这些都向我们灌输着"永争第一名"的斗争思维方式，于是我们便通过这副非赢即输的眼镜看人生，只为了一点蝇头小利，一辈子都拼个你死我活。

有意义吗？互相竞争的双方为了你赢我输，而争斗不已，导致赢的一方笑容满面，输的一方却充满了辛酸和苦涩，如此哪里还有合作机会？

举例来说，我是厂家负责人，你是公司经销商，虽然在某次谈判中我处处占上风，将代理费价格压到最低，但是此后你还愿意继续代理吗？

在博弈论中，人们经常会提到这样一个概念：零和游戏。简单来说，就是在一项游戏中，参与游戏的双方有输有赢，一方赢正是另一方输，游戏的总成绩永远为零。其实，零和游戏也是一种思维模式，也就是非赢即输的思维模式。这种模式很容易让人们陷入争斗，并且是双方皆输的死局。

为什么非要一方输一方赢呢？为什么不能双方都赢呢？如果双方势均力敌，这样无休止地斗争下去，恐怕就会像零和游戏一样，其结果往往只有一个，那就是鱼死网破、两败俱伤。相反，如果双方停止争斗，寻求一种合作的方式，发挥各自的优势，共同发展和前进，做到你赢我也不输，岂不更好？

日本丰田汽车公司成立于1938年，由丰田自动织布机制造厂老板的儿子丰田喜一郎创建。丰田汽车创办之初，大量使用了美国福特车和雪佛兰的部件，而后"丰田""皇冠""光冠"等小轿车正式对美出口。

在20世纪60年代以前，通用和福特几乎独霸美国汽车市场，这对于想要进军美国市场，初出茅庐的丰田汽车来说无疑是以卵击石。但是美国汽车行业已然预感到"来者不善"，于是一开始对丰田的态度很强硬，采取了一些措施，比如降价提效、扩大生产规模、限制日本汽车进口量等等。

进入20世纪70年代，两次石油危机的爆发，使经过充分改进的"丰田"小型轿车，以节省能源等多种优势，向美国汽车市场发起了全面的进攻，争夺市场份额。美国汽车依然坚持做大做强，结果全面亏损，其中1980年克莱斯勒赤字达17亿美元，福特赤字达15.4亿美元，最少的通用公司也亏损了7亿多美元。

日本汽车在美国大获全胜，使世界汽车行业的座次重新排定：第一是通用汽车公司，第二是福特汽车公司，第三是日本丰田汽车公司，丰田汽车成为第一个拥有美国市场10%份额的外国品牌。而后没几年，日本汽车在美国的销量超过了美国汽车总销量的20%，美国人不得不接受手中份额缩小的事实。

再继续争下去只会继续自耗，怎么办？通用汽车公司率先审时度势，与日本两家汽车制造公司建立了合作关系，开始共同研究开发高科技环保汽车。

通用汽车与丰田汽车的"强强联手"，加快了彼此的国际化步伐。两强联合，你中有我，我中有你，使往日弥漫的硝烟被驱散，双方在世界汽车市场的竞争实力大增。特别是对于通用公司来说，使其工人失业等竞争带来的危机得到缓解。这就是一个从"输输战略"走向"赢赢战略"的对策范例。

我们一定要明白，一般性竞争叫单赢，持单赢思维的人只想得到自己所要的，虽然他们不一定要对方输，但只是一心求胜，不顾他人利益，很容易造成把对手逼入死路的局面，这种"斗争思维"是要不得的。而且，以自我为中心，丝毫没有共荣共赢战略眼光和思维的人，是无法发展长久的。

当今，科学技术的迅速发展，使得行业分化呈现出越来越细的局面，不同领域乃至同一领域的不同区域必须互相合作，才能取得最大的效益。单兵作战的时代已经不适应现代社会与经济的发展，这是一个共享经济时代，竞争也已经不再是关键词，取而代之的是合作、共荣、共赢等字眼。

既然合作可以达到这样共赢的目的，为什么还要彼此争斗，互相伤害呢？

印度尼西亚的著名华人银行家李文正，就深谙这个道理，所

以他经常挂在他嘴边的一句话就是："如果双方是为了利益而争斗不休，那么生意就不会稳定，即使双方需要谈判，最好的结果也不是一定要分出胜负，而是双方皆大欢喜。"

正是因为懂得合作比争斗更合算，所以李文正才能从长远的发展出发，与对手进行有效的合作，才在几年的时间内将泛印度尼西亚银行发展成为印度尼西亚第一大私营银行，实现了财富的突破。

一位智者说过："人们在一起可以做出单独一个人所不能做的事业；智慧、双手、力量结合在一起，几乎是万能的。"

在数学上，一加一等于二。可是在合作这个问题上，一加一的结果远远大于二。就连三个臭皮匠的力量联合在一起，都可以顶得上一个智谋无双的诸葛亮。所以，在创富的道理上不要想着单枪匹马，这里也不流行独行侠，善于与人合作，利用可以利用的人，这才是聪明人的做法。

不错，无论在什么地方，合作都比争斗更合算。这就好比两位武功很高的高手比武，一方面要分出高低胜负，另一方面又要互相学习和关心，分出胜负不是最重要的，重要的是在互相切磋的过程中共同提高。

让别人有钱赚，财路会更宽

先哲老子曾经说过："天长地久。天地所以能长久者，以其不自生，故能长生。是以圣人后其身，而身先；外其身，而身存。非以其无私邪？故能成其私。"

　　这段话的意思是，天地所以能够永恒长久，是因为它们的一切运作都不是为了自己。所以有智慧的人通常都会把自己退在后面，结果反而能赢得爱戴；把自己置之度外，反而能保全生命。这揭示了舍与得的神秘关系，是一种基于"利他原则"的共赢真谛所在，值得我们每个人细细品味。

　　在这里，有一个小故事就是很好的说明。

　　曾经有一位非常喜欢戏剧的富翁，不顾亲朋的反对，毅然选择一处并不热闹的地区，兴建了一所超水准的剧场，然后邀请著名的戏剧明星来表演。附近的人听说这个消息之后，也不顾路途遥远，跑过来买门票观看戏剧。

　　奇迹出现了，剧场开幕之后，附近的餐馆一家接一家地开设，百货商店和咖啡厅也纷纷跟进。没有几年，那个地区竟然异常繁荣，剧场的卖座更是鼎盛，人们对富翁敬重有加。

　　"看看我们的邻居，一小块地，盖栋楼就能出租那么多的钱，而你用这么大的地，却只有一点剧场收入，岂不是太吃亏了吗？"富翁的妻子对丈夫报怨，"我们何不将剧场改建成商业大厦，也做餐饮百货，分租出去，单单收租金就比剧场的收入多几倍！"

　　富翁想想确实如此，就草草结束剧场，贷得巨款，改建商业大楼。

不料楼还没有竣工，邻近的餐饮百货店纷纷迁走，房价下跌，往日的繁华又不见了。更可怕的是，当他与邻居相遇时，人们不但不像以前那样对他热情奉承，反而露出敌视的眼光。

这是为什么呢？思来想去，富翁终于想通了，他的剧场为附近带来繁荣，自己赚钱了，大家也赚钱，这是共赢。一旦他改变策略，自己与其他人之间的关系就由共赢变成了竞争，这样一来大家都赚不到钱了，自然对他厌恶。

我们每个人都有自己的财富梦想，然而人际的本质却是利他的，无论是个人还是企业，要想在事业上有所建树，就必须具有一定的奉献精神。在人际交往的过程中，只有无私的付出，才能有真正的收获。正可谓利他才能利己，一个不以营利为目的的经商者其实是最成功的，他必将得到很多。

以企业为例，一个企业创品牌的过程非常耐人寻味：创品牌开始要投入很多，首先需要满足用户的需求，这是无私。如此，用户才会满足我们的需求。如果一个企业在运行的时候只考虑自己的利益而不考虑用户和他人的利益，那么这家企业将很难做大做强，更谈不上创立优秀的品牌。

待品牌创立起来之后，拥有了很多稳定忠诚的客户，企业这时候反而能赚大钱，这正是无私付出之后所得到的回报。

所以，我们应当把赚钱的目的导向"利他"的正念，所谓"利他"指的是为了使别人获得方便与利益，也就是把自己的私欲升华成为替更多人谋取利益的一种行为。无论是在日常生活，还是在商业活动中，一旦心中有了这样的升华，我们的亿万富翁之梦才不会破灭。

　　在卡耐基成名之前，他只是个普通的培训老师，每一季度均要花费1000美元，在纽约的某家大旅馆租用大礼堂20个晚上，用以讲授社交训练课程。

　　有一天，卡耐基正在上课，忽然接到通知，旅馆老板要他付比原来多3倍的租金。看到旅馆老板的坐地起价，卡耐基当然非常愤怒。不过，他很快控制住了自己的情绪并开始制定对策。自己的课程已经开讲，换地方是不可能了，只有尽力去说服老板打消这个荒唐的念头这一条路可走。

　　可是怎样才能让老板放弃涨价的想法呢？经过深思熟虑之后，卡耐基敲开了老板办公室的大门，文质彬彬地说："我接到你们的通知时，有点震惊，不过这不怪你。如果我是老板，那么我的选择一定和你一样，毕竟，谁都想让自己的旅馆尽可能盈利。不过，突然加价的方法，真的能起到作用吗？现在，让我们来算笔账。假设你一定要增加租金，我也只能离开。这时候，你可以你举办舞会、晚会，这类活动时间不长，每天一次，每次可以付200美元，20晚就是4000美元，那你显然可以得到更多的租金。哦！租给我讲课，显然你会吃亏，这是有利的一面。"

　　看到老板惊讶的表情，卡耐基意识到他的话起了效果，于是继续说道："现在，让我们来考虑不利的一面。其实，你增加我的租金，也就是降低了收入。因为你这么做就等于把我撵跑了。由于我付不起你所要的租金，我势必再找别的地方举办训练班。这件事，对你非常不利，因为这个训练班将吸引成千的有文化、受过教育的中上层管理人员到你的旅馆来听课，对你来说，这难道不是一个绝佳的活广告吗？事实上，就算你花5000元钱在报纸上登广告，你也不可能邀请这么多人亲自到你的旅馆来参观，可我的训练班给你邀请来了。这难道不合算吗？"

"而且我的训练班是为了让更多的人学到有用的知识，很可能就此改变某个人的命运，我希望尽己所能帮到需要帮助的人。"卡耐基强调说，"那些舞会、晚会，有这样的效果吗？"

当说完这番话后，卡耐基起身告辞，并说："请仔细考虑后再答复我。"老板当然不是傻瓜，于是他决定还以原来的租金将礼堂租给卡耐基来举办讲座。

卡耐基设身处地为老板着想，真诚地为对方分析利弊，并强调培训班的价值所在，让对方幡然醒悟，不仅不再加价，而且还要感谢卡耐基让他算明白了一笔账，感动于卡耐基无私的奉献精神，这就是卡耐基的智慧所在。

在追求财富的过程中遵循"利他原则"，正确理解和把握"舍"与"得"之间的关系，不但可以提升自己乃至企业的公众形象，而且可以赢得合作伙伴乃至竞争对手发自内心的支持，所带来的经济效应和社会效应是其他方式无法比拟的，自然也能够取得事半功倍的效果，抵达更高的高度。

有汤大家喝，财源滚滚不枯竭

萧伯纳曾经说过："假如你有一个苹果，我有一个苹果，当我们交换之后每人仍然只有一个苹果；但是，如果你有一个思想，我有一个思想，当我们交换之后每人就会有两个思想。"

这是一种合作共荣的心态和智慧，也可以称之为共赢心态，是一种基于互敬，寻求互惠的合作意向，目的是创造更多的机会、财富及资源。在追求和创造财富的道路上，我们每一个人都要有共赢心态，有钱大家赚，利益均分，才能把所有人的心连在一起，只有人心齐，才能泰山移。

很多年前，湖南省衡东县的龙金平还是个鸭蛋贩子，如今他已经发展成了当地身价上千万的知名人物，"咸蛋黄大王"的名号远近闻名。那么，龙金平是如何做到的呢？

最起初的时候，龙金平就像其他商贩一样，他将老家李花村的鸭蛋收上来，然后贩卖到广州去，效益一直不错。一次，在贩卖鸭蛋的过程中，龙金平发现，自己到广州卖的鸭蛋一个才卖几毛钱，而用2个咸蛋黄做的月饼却抵得上百个鸭蛋的利润。于是，龙金平决定不再卖鸭蛋而去卖咸蛋黄。

咸蛋黄的制作工艺是什么呢？经过一年多的反复研究，浪费了几万枚鸭蛋，又请教了技术专家，龙金平终于腌制出

没有腥味、新鲜味美的咸蛋黄。拿到了合格的蛋黄技术研究之后，龙金平也意识到，如果生产达不到规模，那么产品就不可能卖出名气，也就赚不到大钱。可是，想把咸蛋黄的生意做强做大，单靠自己的力量是绝对不行的。于是，他将自己学来的技术全部无私地传授给乡亲们。为了能够尽快推广技术，他还在临近的乡镇建立起技术服务点，以便能够定期上门传授。

龙金平家乡的咸蛋黄产品质量又好，规模又大，众多酒店和食品厂都和他达成了供货关系，仅仅用了半年多时间就占领了大片的市场。就这样，龙金平做成了湖南最大的蛋黄加工商，技术骨干人才100多人，让家乡10多万的群众受益。一年可加工咸蛋黄9000多万枚。一年收入达到400万元。

后来，龙金平又创办了农产品有限公司，并建立起了咸蛋黄加工基地。目前，仅每年加工的鲜蛋数量就达2000万枚以上，产值达1000多万元。

有人问及龙金平的成功秘诀，他笑着回答："有钱大家一起赚。和更多的人合作，和更多的人共赢，这样才能让企业走得久，走得远。"不得不说，龙金平的聪明就在于把身边的人团结在一起，把身边的资源进行有效整合，发挥各自优势，激发出最大潜能，最后，实现了企业发展的连级跳。

"有钱大家赚"，这是一个单赢到双赢，最后到多赢的过程。大家赚钱，才是真正赚到钱了。要懂得为产业链的任何一环

180

谋划价值，只有这样，才能把企业带来的利润发挥到最大。

"团结就是力量"，这是国人常说的一句话。团结就是把所有人的力量拧成一股绳，人心所向，必然能所向披靡。所谓的多赢就是这样一种智慧，将所有的人都凝聚在一起，形成一整套的产业链，然后对产业链进行有效的整合，只要做到分工明确，合作紧密，就能实现市场的最大利润。

那些聪明的企业家都拥有这种认知，一家企业不是一个人的战斗，而是一个团队的战斗，是很多人的战斗。只有有钱大家赚，才能让企业走得更远。

其实当企业发展到一定程度时，就一定会产生资金和人员缺乏的情况。任何企业几乎都会遇到这两种困难，如何解决？单枪匹马肯定难以做到，那么最好的选择就是抱团。只有通过抱团，把每个人的力量联系到一起，激发出每个人的力量，就能解决发展中的难题，赚到别人无法赚到的利润。

众所周知，温州人做生意靠的是"群体效应"，他们常常以群体的形式出现，从家人、亲戚到朋友、同乡等，为的就是实现优势互补，互通有无。比如，有资金的垫资，有客源的拉订单……这种明确的分工，互助的融资方式，使他们的合作更加紧密，这样整个团队就产生了更强大的力量。

庄吉服饰公司是浙江温州的知名品牌，前董事长陈敏曾透露说，庄吉在温州本地只有三家专卖店，但在全中国却设有200多个专卖店分店，而且这些分店不花任何一分钱，反而可以拿到产品50%的利润。庄吉为什么要这样做？为的就

是依靠内外集合建立起一个互惠互利的营销体系。

据悉，这些分店熟门熟路，很容易打开市场，无须厂家操心，风险小，收益好，这就是温州特色的服装推广之路。庄吉总公司每年能从外地专卖店加盟费中赚取500多万元的利润，这就是经营起一家企业的捷径。这种互利共赢的团队概念，正是温州企业不断发展，不断壮大的精髓所在。

一个人的力量是微乎其微的，只有聚集起很多人的力量，才能所向披靡。大家走到一起就是为了赚钱，一个人赚钱不是赚，大家都赚才是真正的赚钱。所以，有资源就要用，而且要把资源的利用率发挥到最大。

当所有人已经连在一起，铁索连舟，如履平地，必然会牢牢占据着市场份额，再加上群策群力，企业在市场竞争中必然会稳操胜券。

把敌人变成朋友，就多条财路可走

面对敌人，感到恐惧，想要退缩，是懦弱的行为；面对敌人，想尽办法打败他，是勇敢的表现；而面对敌人，想办法把对方变成朋友，则是一种大聪明。

因为当你想要打败敌人的时候，他也正虎视眈眈地想要打败你。和敌人互不相让，争斗不休，只会两败俱伤，让你的财路变得越来越窄。而如果你能够化敌为友，当你的敌人一个个减少的同时，朋友也一个个地增加，你的成功概率也在一点点加大，正可谓"多个敌人多座山，多个朋友多条路。"

智洪是一位卖砖的商人，最近因为一位对手的竞争而陷入困境之中。这位竞争对手总是对一些建筑师和承包商说："智洪的公司不可靠，砖块的质量不好，甚至公司还面临着关门的危险。"这些谣言虽是虚假的，但多少都影响到了智洪的生意，为此他感到十分气愤，想狠狠地暴揍对方一顿。

就在上个星期，智洪因此失去了一份大订单，他扬言："我一定要让对方付出代价。"

但一位挚友却劝慰智洪要化敌为友，还列举了许多例子来证明他的理论。当天下午，智洪在安排下个礼拜的日程表时，发现一位顾客因盖一座办公大楼而需要一批砖，而他所指定的砖的型号却不是自己公司制造供应的，反而和竞争对手制造的产品很相像。同时，他肯定竞争对手并不知道这笔生意。

究竟该怎么办呢？是听从挚友的劝说，告诉竞争对手这笔生意，还是置之不理，让对方得不到这笔生意呢？智洪为此想了很久，最终他给对手打了电话，告诉了对方那笔生意。

后来，这位竞争者不仅停止散布智洪的谣言，甚至把一些无法处理的生意转让给智洪做。

智洪选择用宽容的心态来对待陷害自己的敌人，这不仅消除了对方的敌意，更赢得了一位很好的朋友。虽然之前他遭到了一些损失，但是从长远上看却取得了巨大的收获。这就是聪明人的做法，想办法减少敌人的数量，把敌人变成自己的朋友，这样自己的道路才能越走越宽，更容易赢得财富。

英国哲学家培根曾说："报复的目的无非只是为了同冒犯你的人扯平，然而有度量宽谅别人的冒犯，就使你比冒犯者的品质更好。"

2012年世界温商大会上，西班牙埃尔切市鞋业协会会长安东尼奥先生专程到温州访问考察，并与温州市鞋业协会签署了一份主题为"竞合"的《温州宣言》，宣布今后双方将既竞争又合作——更注重于互利互惠、优势互补、合作共赢。这表明，温州人的和谐竞争观已经迈出了国际性的一步。

在这之前，温州和埃尔切市的鞋业曾是一对生死相搏的"冤家"。

2004年9月17日，在西班牙埃尔切市，一把大火烧毁了价值800万元的温州鞋，这把大火不仅烧毁了金钱，更烧毁了温州鞋在当地的形象。

在西班牙埃尔切市，温州鞋非常便宜，而且质量很好。温州鞋都是内地运过来的，内地的原料，员工和生产线都非常健全，而且实现了产销一条龙。这就使得温州鞋这样的外来鞋遭到了当地鞋业的一致排挤。被逼无奈之下的西班牙人只能采取烧鞋的措施，来遏制温州鞋在当地的发展。

这样的不正当竞争让温州人非常头疼，如果和对方硬碰硬，即便获胜，也要耗费不少精力。经过一番斟酌，温州商人决定和当地做鞋的企业达成合作协议，双方互利共赢。埃尔切市的鞋业当然非常愿意和温州人合作，因为他们的鞋子已经打开了当地市场，如果相互合作，肯定能实现互利共赢。

就这样，双方达成合作意向，温州鞋与埃尔切市鞋重归于好，走上合作式的良性竞争。

做生意就会有竞争，竞争方式是千变万化的，可以相互死斗到底，也可以双方携起手来，互利共赢，和气生财。无疑，在激烈的竞争形势下，只有放下矛盾和冲突，寻求合作和友好的可能，彼此才能实现双赢。

约翰·列侬曾说过一段话："在敌人还未成为敌人之前，快步上前，站到他的身边，把他变成自己的朋友，财富才能滚滚来。"

当年默默无名的约翰·列侬参与了一次小型演出，他自认为自己的表演还算不错，毕竟当时他只有17岁而已。谁知，演出结束后，一个叫保罗·麦卡特尼的孩子却当面批评列侬唱得不对，吉他也弹得不好，这让列侬感到很气愤。看到对方还没有自己年纪大，列侬想狠狠地教训对方一番。

但列侬不想搞砸这次演出，于是控制住自己的情绪，

对着保罗说道，"如果你觉得我做得不好，那么你来表演一下。"

保罗自信地接过了吉他，他用左手弹了一段，这让约翰大为惊讶，因为他的吉他真的弹得非常不错。约翰心想，与其让这小子成为自己将来的敌人，还不如现在就邀他入团，于是邀请保罗加入自己的团队。

就在这天，二十世纪最成功的音乐搭档"披头士"乐队诞生了，这支乐队也是历史上影响最深远的乐队。

竞争对手不是敌人，而是朋友。今天也许是敌人，明天也许就是朋友。既然如此，不如宽容地对待对方，将对方变成自己的朋友，或许还会得到意想不到的收获。即便你无法将对方变成朋友，也完全没有必要心怀怨恨，换一个角度思考，他们可以唤起我们的斗志，促使我们不断前进。

这未尝不是一件好事，不是吗？

利己无底线，饥寒困顿无下限

每个人内心都是喜欢财富的，在利益面前也都是饥渴的，但同时利益也是阻碍我们和别人交往的一堵墙。如果一个人一味以己度人，不去考虑别人的角度立场，时时准备去算计别人，不仅会显示出自私自利的一面，也容易丢失人们对你的尊重和信赖，最后沦为孤家寡人，封死自己的财路。

  大彭和小彭是兄弟，两人从小一起长大，关系亲密。长大后，兄弟俩合伙开了一家小饭店。因为饭店临近学校，兄弟俩给的饭量足，饭菜做得又美味，生意很快红火起来。几年过去，当初的路边小铺变成了亮着霓虹灯的大饭店，兄弟俩也不需要再亲自下厨，而是穿起西装坐在了办公桌里面。

  在事业成功之后，兄弟俩也先后成了家。但在结婚的喜悦过去之后，兄弟俩就发现，共同经营的饭店不像以前那么简单了。以前在利润分成的时候，兄弟俩总是看谁有需要用钱谁就多拿点，从来不认真计算。可是现在再也不能了，兄弟俩必须把每一分钱都算得清清楚楚的，否则回到家里老婆定会闹得鸡飞狗跳。

  其实若只是要求亲兄弟，明算账，兄弟俩也不至于头疼至此，最让他们烦恼的，两妯娌每次见面都话里带刺恶声恶气，而私下里又各自向老公抱怨对方的不是。而兄弟俩每次想劝妻子几句，一开口刚说妯娌其实人不坏，妻子就开始大吵大闹。到后来，两妯娌都开始各自劝自己的丈夫别再和兄弟合伙做生意。

  因为承受不了老婆的压力，兄弟俩只好商量着把生意分开，可是这一来，两个女人又为了饭店的经营权吵得天翻地覆，各自逼着丈夫一定要把经营权抢到手，丈夫若表现出一点犹豫，便大骂丈夫"没出息"。

  吵了半年没吵出结果，而饭店的生意也一直耽搁着不能

开门。大彭终于忍受不了这样的日子表示不愿意再争经营权了，妻子就威胁大彭要离婚。忍无可忍的大彭再也受不了这样的日子，便狠狠答道："离就离。"

结果，一个好好的家庭就这样破碎了，而小彭接手店面后，由于之前半年停业时的欠债数额巨大，又没了哥哥的帮衬，这家曾红火一时的饭店也在艰难支撑了一年之后关门了。

开始兄弟两人根本不计较谁吃亏谁占便宜，谁需要用钱谁就多拿点，相互谦让、齐心协力，所以生意越做越好。可是后来兄弟两人的老婆都想着比对方拿得多，争斗不已，不仅原本和睦的家庭散了，生意也是关门大吉。就是因为，每个人都只想挣得自己的利益最大化，结果没有一个人从中获利。

这个世界是一面镜子，你对它笑，它就会给你一个笑脸；你对着它愁眉苦脸，它自然也就无精打采了。同样的道理，如果你只为自己着想，从来不在乎别人的感受，那么就不会有人为你着想。可是如果你能够多为别人着想，多帮助和包容别人，这个世界自然就会回报给你帮助和包容。

正因为明白这一点，那些聪明人总是友善待人。在为自己着想的同时，也会替别人着想，尽量帮助那些需要帮助，甚至是伤害过自己的人。每个人都不是独立存在的个体，所做的事情总会多多少少受到别人影响。从某个角度来说，多为别人着想，人际关系才能融洽，这其实也是在帮助自己。

在美国的一次经济危机中，近九成的中小企业都关闭了。莉丝所开的齿轮厂的订单也是一落千丈。为了挽救工厂，莉丝想到找自己的朋友和长期以来的老客户们一起出出主意、帮帮忙，于是写了很多信。可是，当莉丝拿着厚厚的一沓信来到邮局时才发现：自己连买邮票的钱都不够了。

面对这样的窘境，莉丝第一个想到的不是自己，而是这些朋友和老客户们一定也在经历一段艰难的日子。自己怎么能让他们花钱买邮票给自己回信呢？

想到这儿，莉丝转身回家。接下来的几天，她把家里能卖的东西都卖了，用一部分钱买了寄信的邮票，而另一部分钱就附在了寄出的每一封信中。莉丝在信中解释：这附上的两美元是回信时的邮费，希望可以得到大家的回信。

收到信的人都吃了一惊，作为在经济危机中依然挺立的少数企业，这样的信她们每天都收到，可是来信人从来都只强调自己的困境，并要求帮助，只有莉丝替他们做了考虑。何况两美元远远超过了当时的邮票价格。莉丝这样诚恳的品行感动了很多人，他们或给莉丝出谋划策，或干脆给莉丝寄出了订单。

就这样，莉丝的企业在危机的大潮中站稳了脚跟。

莉丝从别人的角度思考，意识到自己付不出邮票钱，别人也一定有困难，所以受到了别人的欢迎和尊重。为了回报莉丝的友善，很多人都积极为她出谋划策，或是买下她的产品，让莉丝在危机中站住了脚跟。其实，莉丝这样做的时候，并没有想到回

报，可就是因如此才得到意外的收获。

人们常说，爱人者人恒爱之。我要说，爱人者，财富亦爱之。因为你处处为别人着想，友善地对待他人，那么就会为自己赢得更多的朋友和尊重，赢得更多的信誉和机会，如此财富如何不接踵而来？

共赢必须牢记，但不要一味和气

共赢的心态既不是损人利己，也不是损己利人，其精髓在于要学会用"我们"而非"我"的观念为人处事，彼此取得双赢的结果。但太多人错误地以为共赢就是从别人的角度出发，想办法满足对方的需求，这样才能够和气生财。结果，无原则的退让，往往会换来别人变本加厉的"进攻"。

在赚钱的过程中，我们既不能只顾自身利益，也不能一味地和对方妥协，而要寻求一种让双方都能获益的解决方案，这种双赢模式才是唯一可行的。任何一方都没有必要做出牺牲。过分强调"牺牲"和"让步"，完全放弃对"利"的追求，这种思维方式本身就注定了合作必然会以失败告终。

在南方有一家纺织公司，经理是一位宽厚仁慈的长者，对待员工和合作伙伴都是一团和气，他经常挂在嘴边上的一句话就是"以和为贵"。这样的处事方式确实让他赢得了员工和他人的尊敬，但是他在经营上也是同样处事，宁可丢掉交易，也不愿伤害同行间的"和气"，宁可自己吃亏，也不愿意与客户争取那一分利。

结果，整个公司发展相当缓慢，后来随着大量竞争对手的出现，大量订单被抢走，导致企业连年亏损，最终只能破产。

在生活中有很多这样的人，他们不愿意与人竞争，不愿意争取自己的权利，认为这样会伤了彼此的和气。可是你要知道，以和为贵并等于不争取自己的权益，并不等于为了他人而牺牲自己的利益。因为"以和为贵"而忽视了自己的利益，忽视了企业的长远发展，那就是得不偿失了。

无论什么时候，市场竞争都是激烈的，也是残酷的，毫无原则的"一团和气"只能让自己败得一塌糊涂。因此，在赚钱的过程中，我们既不能只顾自身利益，也不能一味地和对方妥协，而要寻求一种让双方都能获益的解决方案，这种双赢模式才是唯一可行的，也才能真正地实现合作共赢。

1988年的一天，建筑部的经理偶然向李兆基提及，说承接恒基集团一项工程的一位承包商，要求他们补发一笔酬金，结果遭到建筑部的拒绝。工程完毕，酬金已付。李兆基问及承包商追款的原因，建筑部的人回答："他说，他当初落标时计错了数。直到如今结账时，才发觉做了一桩亏本生意。"

本来，这桩买卖是签了合同的，有法律保障，大可不必对

此进行处理。然而，李兆基却说："法律不外乎人情，这个承包商是我们的长期合作伙伴，反正这个地盘我们有钱赚，那就补回那笔钱给他，皆大欢喜吧！只是他终究是出尔反尔，提醒对方以后一定要事先算好，否则我们难以继续合作。"

为了让手下精诚合作，李兆基总给几位左右手一些机会，让他们获得更多的赚钱机会。有一次，李兆基拿出某地产项目的15%让身边的5位好伙计加股，结果有一人没那么多钱，申请放弃2%的股份。

在问明原委之后，李兆基对这位伙伴说："我有机会赚1万，都希望你们赚100。这样吧，我把我名下的2%股份让给你，股本暂时你欠我的，将来赚到钱，你再偿还给我吧！"

有钱大家赚，这是李兆基的一贯态度，所以他才能够成为亿万富翁，做出那么大的局面。不过我们也应该看到，李兆基虽然讲究和气生财，但是他的退让都是基于共赢这个基础上的，并不是不争取自己的权利，也不是毫无原则地退让。试想，如果他一味地讲究和气，却忽视了自己的利益，那怎么能赚得到钱？

和睦相处只是手段，共赢发展才是目的。

凡是获得成功的超级富豪都懂得这个道理，很多时候他们讲究以和为贵，但是绝不会因此忽视自己的利益。他们处世讲原则，退让需有度，如此赢的是长久的合作共赢。

第八章
财富守恒定律，
保本永远位列第一

任何投资都具有双面性，我们既要看到好的一面，也不能忽略其中的风险。保本，是赚取财富的基础和前提。一味地追求高利润，盲目地冒险冒进，十有八九会从中产变小康，甚至变无产！

所谓财富安全，就是让风险有个底线

一个人若是想赚到钱，最科学的方法就是先图保本，在保本的基础上再考虑怎样赚钱。因为只有保住了生存的能力，才能谋求更好的发展。

保住本金，这是一种不赚不亏的状况。可能有人会问，总是想要保住本金，又怎么可能赚大钱呢？其实不然，我所提倡的保住本金并不是叫你不冒险，而是冒险的同时要有个底线。试想，如果一个人只想获利而不想亏损，忽视投资的安全性，很容易做出冲动鲁莽的行为，让自己承担更大的风险，甚至血本无归。

有人说，这个时代是一个盲目浮躁的时代，人人都急着想要发财，无数人在渴望获得成功。因为浮躁和盲目，人们变得越来越急躁，越来越骚动，往往做出了盲目草率的事情。

可是，成功和机遇，并不是盲目和草率就能得到的。如果一个人为了尽快赚得大钱，遇到机遇就盲目出击，很可能会打翻人生的第一桶金。一旦本金没有了，无论你遇到多么好的机会，手头没有本金，你只能干着急。

一位朋友在炒股的过程中，只想着依靠炒股成为超级富豪，却忘记了"股市有风险，入市需谨慎"这句话。在他认为，"投资就是要胆大，要不然什么时候才能进入富裕阶层呢？"

这些年，他一直选择投资高获利的项目。结果，因为判断失误买的暴跌，没买的狂涨；气愤不过进行换股，结果又换错。

按理说，这位朋友该及时收手才对，可是前不久他看好了一支涨势颇好的股票，为了获得更高的收益，他将所有资金都投入其中，还抵押了自己的房子。

"不要把所有的家当都投入进去，你应该懂得保本。"有人劝说。

朋友却不以为然，"现在股市行情好，新闻都在播放收益有多么好、多么高，而且我有经验，肯定不会有什么问题的。"

开始的时候，这只股票确实涨势喜人，朋友的收益日渐增长。可是正当他为此惊喜不已时，该股票开始下滑。有人劝朋友及时撤出来，但是朋友却觉得风险不是太大，认为总会有上扬的时候。由于他没有及时退出，所有资金都被套牢，彻底成为一个"负翁"。为了保住家中的房子，到处借钱还贷。

在追求财富的过程中，保本思维是非常重要的，它不是一种消极、被动的思维方式，也不是拒绝冒险的防守思维，而是一种积极主动的思维，是赚取财富的基础和前提。实际上，它也是一种底线思维。简单来说，底线就是不可逾越的红线、临界线。底线一旦被跨越，就会造成非常严重的结果。

投资具有双面性，我们既要看到好的一面，也不能忽略了风险。一般来说，投资的底线是维持整个家庭的正常生活。而这位朋友不仅忽视了保本的重要性，一味地追求高利润，而且投资时超过了这个底线，把所有家当都投入进去，结果不仅没有赚到钱，反而输得倾家荡产，值得引以为戒。

保住底线有什么用处呢？就是即便你一时输了，还有从头再来的机会。

陆青和老公结婚三年了，两人月收入有一万左右，手头攒了一些积蓄，便想着投资理财。恰好见一位同事因炒股赚了一笔，陆青便动员老公也将存款投入股市。

陆青在投资方面很保守，她仔细研究了半年，才小心翼翼地投入了一万。结果一个多月的时间，净赚了一千左右。老公一见很动心，建议陆青将家中的存款全部投入股市中去。

什么也不用多做，就能赚一千左右，陆青内心其实也很激动，但是她依然坚持保守主义，劝老公说："我们的钱都是辛辛苦苦存下来的，一下子都投进去，一旦出现风险咱们的生活就难以维持了。我们还是应该求稳，先图保值，再图增值，不求利润最大化，只是希望能够安全一些！"

陆青以求得安稳的目的，因为坚守这个底线，她只拿出一部分钱进行稳健的投资。就这样过了几年，虽然中间也有亏损的时候，但最终算下来还是盈利的。

俗话说"留得青山在不怕没柴烧",稳健投资,先图保本,才能谋到利润。一时的亏损或盈利都不重要,重要的是学会保本后能够长期稳定盈利,那才是真本领!

致富需要气魄,但不可以冒险太多

俗话说"撑死胆大的,饿死胆小的",一个人如果追求安稳的生活,喜欢平平淡淡地过日子,有吃有喝就知足,没有太高的要求,只要生活没有太大的变故,轻易不愿意去折腾,也不敢有放手一搏的勇气和魄力,那么只能勉勉强强地获得财富。即便有大好的机会放在眼前,终与财富无缘。

对此,比尔·盖茨曾经这样说过:"如果一生只求平稳,从不放开自己去追逐更高的目标,从不展翅高飞,那么人生还有什么意义?"

还有一句话是这样说的,"不冒险则无大成,冒险则可获得大机遇。"所以,在追求和创造财富的道路上,我们要学会冒险。任何成功都有冒险的成分,而通常冒的险越大,所获得的收益也就越大。在这个人人追求财富的时代,一个人只有敢于冒险,善于冒险,才能比别人获得更多的机会。

在李嘉诚的成功历程中,敢于冒险的精神起了非常关键的作用，用他自己的话说——商人既要有成功的欲望，又要敢于冒险。虽然要时刻注意防范风险，但并不意味着我不敢冒风险。很多时候，因为冒险精神，我取得了成功。

李嘉诚22岁时创办"长江塑胶厂"，蜚声全港。20世纪50年代，欧美兴起塑料花热，一家销售网遍布美国、加拿大的北美最大的生活用品贸易公司有意到中国香港实地考察。李嘉诚得知这一消息后，立即果断拍板：一周之内，将塑胶花生产规模扩大到令外商满意的程度！他将旧厂房退租，新租了一套占地约1万平方英尺的标准厂房，购置新设备，安装调试设备，新聘工人并且培训上岗……为了筹集资金，他不惜把自己多年辛辛苦苦营建的工业大厦都抵押出去。

李嘉诚做事一向沉稳，这一次生意人的面尚未见着，就下这么大的血本。如果生意谈不成，岂不是鸡飞蛋打？这太冒险了。其实李嘉诚也不确定下这么大的血本值不值得，但是他知道，将塑胶花生产规模扩大是吸引住这位大客商最大的引力所在，如果不冒冒险，那么就等于将机会让给了别人。

这是李嘉诚在一生当中冒的最大最仓促的险，不过这险冒得值得。那家外商参观了李嘉诚的新厂后由衷称赞其可与欧美同类厂媲美，当即说："OK，我们现在签合同。"通过这家公司，李嘉诚获得加拿大帝国商业银行的信任，并且日后发展为合作伙伴关系，进而为进军海外架起了一道桥梁。

世上没有万无一失的成功之路，要想成功，就应该用勇气代替懦弱和恐惧，用主动出击替换等待和退缩，勇于面对风险之事，敢于尝试接触新事物，进而在风险中抓住机遇。

虽然财富需要放手一搏，但这不意味着盲目地冒险，不代表着失去理智和判断能力。一个人想要获得财富，就必须分清冒险和盲目冒险的界限，有胆有识，分析好所面临的形势和未来前景，这样的冒险才能创造价值。如果把无知的冲动当成是冒险的勇气，那就是自寻死路的愚蠢之举了。

他曾经是国内颇受关注的青年企业家，他曾用自己全部的积蓄盘下一家酒店，凭着低价、实惠的策略很快挣到500万。那个时候的他，有理想有抱负，更有一颗敢于尝试的心和冷静的思维，因此成功自然不在话下。然而，随着酒店业的高速发展，全国各地兴起了无数价格低廉、服务优质的酒店。

行业竞争越来越激烈，此时他走到了一个岔路口，是稳步发展，还是放手一搏呢？稳步发展，业绩肯定会受到不小的冲击，竞争优势也没有那些连锁酒店大；放手一搏的话，确实可以扩大经营规模，打响自己的知名度。但由于资金不足的问题，也面临着巨大的风险。看看竞争对手的迅猛发展，他迅速做出决定，选择扩大经营规模。当有人劝他稳健发展时，他说："不放手一搏，怎么能成功呢？"

之后，他在武汉金山大道投资50万元开了家"黄金海岸"酒店；同年10月，又在大智路投资20万开了一家美容院；随后又投资10多万元开了一家土特产贸易公司。这一切，都在武汉市引起了轰动。大家认为，一个商业奇子正在冉冉升起。

然而，意想不到的是，第一个月的账务报表交到他面前，亏损40万元。不过，他认为，这是新店开张的正常过程，决定再看一个月。但第二个月又是亏损40万。更令他手足无措的是，各个店都陆续传来供应商催付货款的消息，可他的银行账户里的存款已所剩无几。为了能让各店运作正常，他开始四处借钱，拼命地保住自己的事业。

尽管他做出了积极的行动，但是第三个月，他的投资还是亏损40万元。供应商似乎也觉察到了什么，要的货不见送来，催款的人倒是天天找上门。正在四面楚歌之时，又一记"重拳"打了过来：美容店所在地面临拆迁，这意味着他连转手套现的机会都没有了，20多万元的投资打了水漂。

到了第四个月，他再次亏损30万，已经涨到极限的资金链终于绷断。他再也调不动一分钱维持各店的运作了。仅仅一年的时间，他就不得不关掉自己所有的店面，用剩下的资产偿还欠账。

创业初期的他，正是依靠着勇气和理性，获得了人生的第一桶金。然而随着财富的积累，反而丧失了原本的理性，让所有的勇气都变成了无知的冒险。他赚取了第一桶金之后，决定放手一搏，迅速地扩张自己的业务，以谋求更快速的发展，结果失败的消息接踵而来，最后负债累累，全面溃败。

　　一件事有10%的成功机会，你大胆地去做了，这是冒险；可是明明知道一丝成功的希望都没有，还要去做，那就是犯傻，就是无知。

　　有些人这一辈子或许只有一次放手一搏的机会，我们当然不能坐等着这个机会从身边溜走。可是，要知道是否能够博得财富，博得成功，关键在于你这里面有多少的理性。冒险是成功者的秘诀之一，但是越是放手一搏，越是冒险就越应该经过深思熟虑，越是要谨慎小心，越是要冷静对待。

　　记住池本正纯的话："所谓'大胆冒险'并不是盲目蛮干，而是以谨慎周密的判断为基础，比他人抢先得到获取利益的机遇。"

有些良机让人热血沸腾，却极有可能是个大坑

　　当下，什么技能最重要？投资理财！在这个时代，如果你不懂投资理财，财富就会因为货币的增发而被稀释，从中产变小康，甚至变无产！

　　那么投资理财什么最重要？很简单，规避风险。如果寄希望通过投资理财迅速发财，看到了一个项目或是获知了一个消息就认为是自己赚钱大好机会，根本没有考虑项目是否可行以及消息

的来源是否可靠，就盲目地出击，那是很容易成为被套的对象，甚至会落入他人设置的"陷阱"。

可悲的是，现实生活中这样人的并不在少数。

如果让你投资69800元，两到三年盈利1040万元，近150倍的利润，你会心动吗？

这是几年前媒体曝光了一个以传销为目标的投资项目，项目的名字叫作"1040阳光工程"。简单地说，组织这个项目的人称其是一个国家秘密项目，是由中央进行操盘来秘密运作的，目的就是为了带动中国经济发展，让一部分胆子大的人先富起来。要参与这个工程，你需要在入伙时交纳69800元的份额费用，根据规定，在入伙后的第二个月，"组织"会退还你19000元钱，也就是说，你参加这个项目的实际投入为50800元钱。入伙之后，你的任务就是成功发展3个下线，你所发展的这3个下线又分别再发展3个下线，当你这条线发展到29个人的时候，你就能晋升成"老总"，每个月领工资了，等你成功领够1040万元，就会从"组织"出局，这样你的资本运作就完成了。

也就是说，这个项目，你只要实际投入50800元钱，等到成功的时候，你就能赚1040万元。这看似是一个可以一夜暴富的机会，可事实上，这个世界上哪有那么多天上掉馅饼的事情？即便存在着这样的好事情，怎么又恰好被你撞见呢？只要稍微有头脑的人，仔细分析一下便会知道这是一个骗局，因为这件事情不可能。可不幸的是，很多人被表面的

暴利所迷惑，盲目地掉入了别人早就挖好的陷阱。他们觉得这是个一本万利的好机会，投入几万元就可以成为千万富翁！即使明知道这笔投资存在着巨大的风险，但是看到了这1040万的收益，也还是被欲望蒙上了眼睛。

你可能以为，那些会相信传销骗局的人大多是受教育程度比较低，缺少社会经验的人。但事实上，在传销组织中，从来不乏那些有着高学历的大学生，甚至硕士生、博士生等等，也不缺少那些已经在社会上摸爬滚打过大半辈子的长辈们。这些人并不愚笨，也不完全是没有社会经验的年轻人。

他们为什么会被骗呢？归根结底，就是因为多数人根本没有把风险放在心里。对一本万利的渴望，让他们忘记了谨慎小心，甚至被冲昏了头脑。他们只看到了一本万利的机会，却忘记了那些所谓一本万利的好机会，十有八九都是别人设置好的"陷阱"。只要你掉了进去，就会输得一干二净。

传销1040是到目前为止全国范围内影响力最大的传销骗局。因为陷入传销的人需要不断把钱投入其中，有人由于无法及时还款导致个人征信出现问题，被拉入征信黑名单；有人因为骗遍了关系网内的人的钱财和感情，亲情友情爱情再也回不到以前。一旦传销暴富梦破碎，有人很可能走上极端。

在财富的道路上要敢于冒险，但不管到什么时候，我们都应该保持清醒的头脑，永远不要盲目地追求高利润，因为那些让你忘记保本的好机会，十有八九都是陷阱。当你被"高回报"蒙住双眼时，前方很可能就是万丈深渊。

对于每个人来说，对于风险的防控再怎么强调也不为过。因为收益与风险永远不可能分开，你能获得多少收益，就意味着必须承担多大风险。所以，那些聪明人绝对不会做一本万利的梦，因为他们很清楚回报与风险永远是同步增长的。他们宁愿稳步发展，也绝不会去做一本万利的"美事"。

"骗局"其实都有一个共同点：投入小，回报高，容易实现一夜暴富。这几乎满足了所有人对财富的美好幻想。当突然有人告诉你，说做某件事情不需要资本、不需要人脉，就可以实现以小博大，一夜暴富，那么即便你理智上存有怀疑，恐怕感情上也会不由自主地把这个虚假的希望当作救命稻草。

天上没有掉馅饼的事情，别让收益迷惑了自己，永远记住，把安全放在第一位，收益永远都应该在第二位，才能真正抓住赚钱机会。

这个机会到底是什么？能给自己带来什么？会面临哪些风险？面对一个赚钱机会，打算发展一个自己不了解的新领域，首先你要对其做一些了解和调查工作，比如研究目标客户群的特点，了解行业发展趋势等等方面。对于机会，宁愿深入了解之后错过，也不要因为不了解而盲目跟进。

这个道理其实很浅显，也很容易明白。试问，假如你是一个企业的管理者，如果你连该企业的具体运作方式都不清楚，那你要如何去管理员工？假如你是一个售卖商品的推销员，如果你连你的产品都不会使用，连你的产品的特点都说不清楚，你凭什么

去说服别人购买你的产品呢？

追寻财富是一场冒险，而不是一场赌博。

冒险的人在展开冒险之前一般都会做充分的准备，他们会知道自己将踏上一段怎样的旅程，他们会明白自己的目的地到底在什么地方，他们会预估风险，会为即将遇到或潜藏的危险而制定出一些方案。这场冒险可能会成功，也可能会失败，但是这种风险在很大程度上是具有可控性的。

但赌博的人不同，对于赌徒来说，他根本无须去做任何准备，因为成功或失败都完全掌握在别人手中，赌徒凭借的，只是运气和一次次的侥幸心理。一夜暴富确实令人神往，但可能吗？只不过是一个存在美好幻想中的神话罢了，赌徒想要致富，这种概率大概比中彩票的概率还要低得多。

投资是一种商业行为，是一种通过运营让钱生钱的生意，并不是赌博。当你不能确定一项投资能够赚钱，或者存在危险时，就要稳定心神，拒绝投资。

及时止损，人生就不会彻底崩盘

一直以来，投资场上提倡的是"坚持做长线"的模式，坚持才是做好某事的关键，金融投资也是一样，只有不断地坚持下去，每一次微小的价值获利才能最终汇聚成丰厚的回报。

然而，投资永远是有赢有输，最难的往往不是坚持，而是懂得及时止损！

一位朋友是一名理财顾问，在他看来，成功的金融家都是长跑冠军。"从事金融行业如同跑马拉松，如果采用百米冲刺速度，没有人可以坚持到终点；同样，短期的投机行为在金融市场也不可能获得最终的价值收益，我们要做的就是帮助客户长期的赢、专业的赢、科学的赢、可持续的赢。"

这位朋友一直都是这样做的，只要是他看好的上市公司，他都会持有很长的时间，除非这家公司的价值被市场严重高估，或者是公司基本面发生了重大的变化。

正是凭借这种持有长线的投资意识，这位朋友已经帮自己和诸多客户赚了不少利润。

"如果某家公司发生了重大变化，有跌价的危险，你会如何做？"我追问。

"及时抛售。"朋友毫不犹豫地回答，"学会止损也是必需的。"

"聪明的投资者都懂得如何止损，这样才能将损失降低到最小。"朋友解释道，"很多时候，人们为了挽回之前的损失通常宁愿增加新的损失。很多赌徒在输钱的时候，输得越多就越不甘心，总想着不断追加成本，想要把之前的损失'博'回来。但现实是几乎没有任何一个赌徒成功赢回过自己输掉的东西，在赌桌上，他们的结局通常只有一个：输得一无所有，妻离子散。"

接下来，朋友讲述了下面一则故事：

某公司的董事长杜先生，在股市上认识一个朋友贾先生，并经过贾先生介绍来到证券公司开过股票账户。杜先生陆陆续续投入本金500万元，委托贾先生帮忙炒股赢利。贾先生很痛快地就答应了，因为认为自己是炒股老手，肯定会获得盈利。

之后，两人签订了承诺书，杜先生让贾先生全权负责为他操作买卖股票，并保证在一年的时间内账户资金不低于人民币550万元。如果到时户头不足550万元，贾先生必须负责补足并且以金钱交给杜先生。也就是说，贾先生要保证在一年内为杜先生赚到50万元。当然，贾先生替人炒股，也并不是白白帮忙，这份承诺书中还有，如果到期之日资金数额超过550万元，所赚取的金钱不管多少都作为他的报酬。

贾先生在之后大量购买了一只ST股票，开始股市行情非常好，短时间内就赚取了十几万元。正当他兴奋不已的时候，该股票传来了企业内部发生变动的消息，所有购买这只股票的股民纷纷抛出。贾先生正欲抛出，却不知道从哪传来了小道消息，说这只股票被国际投资公司看中，此次下跌只是为了暂时的，等到收购消息公开之后自然就会大幅上涨。贾先生觉得这个消息很可能是确切消息，因为之前出现了很多这样操盘手先是大量抛出再买进的事情。于是他不仅没有及时抛出，反而又大量地买进这些股票。

在这个过程中，股票连续几天跌停，手中的资金已经缩水了20%，贾先生才知道这不过是捕风捉影的小道消息。可是他还是不肯割肉，还幻想着这只股票能尽快反弹。结果，杜先生的本金最后只剩下不到400万，赔了将近100万。最后贾先生只有将家中的房子卖掉，才赔偿了杜先生的损失。

虽说想要成功必须要冒一定的风险，但是无论怎么样，你都必须保持理性，把其风险控制在可预见、可承受的范围内，在遇到危险的时候，敢于及时地退出。明知道危险来了，明知道成功的希望渺茫，却心有不甘，或是存在侥幸心理，仍不懂得放弃，那么令你悔恨终生的失败也就不远了。

正如心理学家亚科斯教授所说："人生中90%的不幸，都是因为不甘心，这是很多人不懂得及时止损的原因。"

放弃并不是懦弱的表现，也不是逃避的表现，很多时候是为了更好地规避风险。

"弃车保帅"是一个象棋用语，是一种通过牺牲较小的利益来保住本金的策略，如此才能将损失降低到最小，才能保存自己的实力，才能赢得最后的成功。毕竟在形势不断向着最糟糕的情况发展的情况下，并不是所有的风险都值得去冒，并不是所有冒险的行为都能赢得更多的回报。

我们大概也都听过"断尾求生"的故事：当壁虎、蜥蜴等动物被天敌咬住尾巴或遭遇危险的时候，它们通常会弄断自己的尾巴，让那条断尾继续跳动，分散敌人的注意力，以便让自己逃脱。试想，如果这些动物犹豫不决不肯断尾的话，那么最终的结果就不是少了条尾巴，很可能是送了命。

投资本身是没有风险的，失控的投资才有风险。险境中弃车保帅，该断尾时就断尾，才能掌握主动权。比如在股市上，一只

股票持续下滑，前景不明的情况下，果断卖出才能避免更多的损失；比如金融危机来临，你所在的领域遭遇重创，这时候适当地放弃，寻求其他项目才不至于满盘皆输。

众所周知，金融街的"坏小子"索罗斯是非常敢于冒险的人，他认为投资者所犯的最大错误并不是大胆莽撞，而是太过于谨小慎微。1992年，他果断地采取了人生中最大的一次行动，依靠个人的力量，借贷资金，阻击英镑。

可就是索罗斯这样的人，也绝不是毫无底线的冒险。他所有的举动都是经过周密详细准备的，绝对不是什么莽撞之举。

1987年10月19日被人们称为"黑色星期一"，全球股市在纽约道琼斯指数带头暴跌下全面下泻，引发了一次最为严重的股灾。这一次，索罗斯也像其他投资者一样受到了重创。面对这样的危机，不少人不甘心地持股观望，希望政府采取及时的救市措施，而索罗斯以最快的速度抽身离开，清空了所有的股票。

后来股市出现大幅度下跌的情况，虽然索罗斯的损失惨重，但是与那些倾家荡产的人相比，简直是幸运太多了。同时，索罗斯也时常告诫那些投资者，"在投资过程中，首先学会保本。在我所有的投资理论当中，存活是根本。承担风险是必要的，但是我从不冒那种能把自我毁掉的风险。"

索罗斯即便拥有上百亿美元的资产，也不忘了投资的底线，也懂得及时止损的道理。对于他来说，即便被鳄鱼咬到了一只脚，那么舍弃了那只脚，也足以保命。

面对收益和损失时，损失更令人难以忍受。而害怕损失的人，往往损失最大。所以，面对金钱上的投入，最聪明的方法，就是从一开始就要给自己设定一个止损位。比如股票投资，在购买之前就得要明确这只股票跌到什么价位就该止损？一旦股价下跌到了止损位，就要及时地果断抛售出去。

懂得及时止损，这正是聪明人与普通人的差距所在。

风险最小化，也是有规律可循的

投资的本质是什么？就是收益最大化，风险最小化，这样才能赚到钱。

只要是投资行为，必然伴随一定的风险。著名投资大师沃伦·巴菲特曾说过："杰出投资者之所以杰出，是因为他们拥有与创造收益能力同样杰出的风险控制能力。在交易过程当中，保住本金是我的第一要义。"在五十多年充满传奇色彩的投资生涯中，巴菲特一直将风险控制置于首要的位置。

把风险控制置于首位，这听上去是一种防御性投资。但正是这一措施，让巴菲特的投资胜多负少。不管美国经济是急速发展还是衰退，不管股市是牛市还是熊市，他都能够从中发现投资机会，几乎没有亏损，最终收获富可敌国的财富。而他本人，也成

了全世界众多人心目中的股神、财富之神。

那么，巴菲特是怎样规避风险，让自己在风险中稳如泰山的呢？

始终尊重市场规律。

投资市场的发展也是有规律的，不管是蓬勃发展，还是快速衰退，都有着内部、外部等原因。巴菲特能够保持稳赚不赔，另一个重要原因就是始终尊重市场规律。

巴菲特的办公室装修简陋，家具简单，当人们走进巴菲特办公室时，最先注意到的一定是墙壁上满满的剪报，而剪报的内容都是关于股票的新闻事件、财务报表等。除此之外，他的办公桌上还摆满了杂志和书籍，内容鲜少有例外，同样都是关于股票的。这样做的原因，就是为了发现投资市场的规律。

"每天阅读500页纸，智慧就会累计起来。"巴菲特对1929年美国大萧条的研究颇深，虽然这一时期是一个遥远的年代，但正是因为深入了解过，认真研究过，他才知道越是股市热潮的时候，越要谨慎小心。凭借这种智慧，他躲过了一次次危机。在华尔街发生大动荡时期，也能保持稳赚不赔。

动荡面前保持冷静。

在股市面临压力及不确定性时期，投资者最好的方法应该是保持冷静。在一次记者采访中，巴菲特告诫投资者："做投资不需要天才的智商，需要的是稳定的情绪、平静的心态、独立思考的能力，因为你在投资中要面对各种各样的刺激。如果一个投资者遇到股市下跌就忧心忡忡，然后想着等股市回升时就抛掉手中的股票，那么这种投资者最终不会获得理想的回报。"

美国陷入"越战"时期，政府意图通过战争推动股票的价格，当时华尔街乃至整个美国的投资界，都迎来了全新的局面。年轻的投资人们认为，投机就等于投资，于是，一个个的投资公司成立起来，就如同一个个在美国西部建立的金矿一样，大家陷入了一片狂热，涌入股市的资金越来越多，股票的价格疯狂上涨，甚至就连道·琼斯指数都史无前例的突破了1000点大关。

在这种情况下，已经是年轻投资人中佼佼者的巴菲特却始终按兵不动，即便是有合伙人按捺不住，告诉巴菲特股票还会上涨，让他赶快出手，巴菲特仍然表现得云淡风轻。后来，其他投资公司的经理积极地进行股票操作，可谓日进斗金。合伙人从焦急变为愤怒，而巴菲特仍然稳定，他只是告诉合伙人："虽然现在的股票在疯狂上涨，但是不代表股票的价值也在上涨，人人都在买股票，而实际上值得投资的股票凤毛麟角。那些日进斗金的投资分子，最终会陷入困境。"

巴菲特果然没有说错，没过多久美国人发现"越战"变成了泥潭，美国已经深陷其中，道·琼斯指数开始疯狂下滑。面对这种情况，巴菲特的合伙人们惊出了一身冷汗，幸亏巴菲特没有被狂热冲昏头脑，也没有被他们的焦急所影响，不然他们也会像其他投资人一样被股票套牢，无法脱身。

　　不错，这个方法十分简单，却常常被人们忽略。冷静地思考并不表示我们做事犹豫，没有决断，而是为了避免鲁莽和草率。尤其是在关键时刻，如果缺乏了理性的思考，盲目出击和仓促地做出决定，甚至毫不顾忌实际情况，很可能会让我们失去好不容易抓住的机遇，还可能让本金消失殆尽。

　　无往不利的"安全边际"。

　　巴菲特告诫投资者，要选择那些具有"安全边际"的股票。到底什么是"安全边际"呢？简单地说，购买股票的时候，股票的估值和股价之间是需要存在差距的，并且这种差距越大越好。没有任何人能够操纵股票的价格，但是却可以估计股票的价值，并且股票价格的趋势必定会受到股票价值的影响。

　　通过"安全边际"效应，巴菲特总是能够买到便宜的股票，并且从中获利。

　　想要良好的利用"安全边际"，必须了解该公司的经营状况。不考虑一家公司背后的价值，单纯依靠股市来控制股票的价格，这种行为在巴菲特看来是非常可笑的，因为这种方法违背了股票本身的规律，买入这种股票，与碰运气的赌博毫无区别。

　　每进行一次投资之前，巴菲特都会做大量的调查、研究和分析，不仅要分析该公司的财务报表，更要分析该公司的经营状况，寻找财务报表中的漏洞和陷阱。凭借这种"安全边际"效应，巴菲特总是能够不受任何风险的影响，甚至在动荡中能够保证自己的盈利状况，财富的雪球越滚越大。

　　对投资进行合理分配。

　　"不要把所有的鸡蛋放在同一个篮子里"，这句话一直被巴菲特奉为经典！巴菲特主张把资产投资在不同市场、不同品种、不同风险等各种相关性不强的投资上。通过这种对资金的合理分配，可以达到分散风险，获取较高收益的目标。但是他也强调，不能过分分散化，持股数在10到30之间，保障投资组合的可控性，投资行为才能得到有效调节，才可能获得预期中的收益。

　　最重要的不是进攻，而是防守。要想获取财富，首先得学会保卫财富。如果勉强入市，决策无依据，获利无把握，为投机而投资，这就失去了投资的意义。